新能源汽车高压安全防护与应急处理

主　编　孙建俊　谭逸萍
副主编　李亚文　唐琳琳　李　飞
参　编　夏福禄　吴琼宇　王德猛　李娜娜　史蕾蕾　张　帅

机 械 工 业 出 版 社

本书以任务驱动的编写形式，全面、系统地介绍了新能源汽车的安全驾驶与使用、高压危害与触电急救操作、新能源汽车工作安全与作业准备、新能源汽车高压系统的基本检查、新能源汽车高压系统的安全检测和新能源汽车事故现场应急处理。本书在编写过程中有效融入低压电工证考核要点，对接智能新能源汽车职业技能等级证书考核标准、全国职业院校技能大赛标准，学生通过学习本书可以参加低压电工证考证，掌握智能新能源汽车职业技能等级证书各考核模块的"新能源汽车工作安全与作业准备"任务。

本书通俗易懂，图文并茂，配套了丰富的微课视频、动画，形式生动活泼，有利于激发学生的学习兴趣，可用作职业院校新能源汽车类专业学生的教材，也可用作其他汽车类专业学生的参考用书。

为方便教学，本书配有电子课件、电子教案、答案等资源。凡选用本书作为授课教材的教师均可登录www.cmpedu.com，以教师身份注册后免费下载，或咨询相关编辑，编辑电话：010-88379201。

图书在版编目（CIP）数据

新能源汽车高压安全防护与应急处理 / 孙建俊，谭逸萍主编. — 北京：机械工业出版社，2022.3（2025.6重印）

ISBN 978-7-111-70083-8

Ⅰ.①新⋯　Ⅱ.①孙⋯ ②谭⋯　Ⅲ.①新能源 – 汽车 – 安全技术 – 职业教育 – 教材　Ⅳ.①U469.7

中国版本图书馆CIP数据核字（2022）第008718号

机械工业出版社（北京市百万庄大街22号　邮政编码100037）
策划编辑：师　哲　　　　　责任编辑：师　哲
责任校对：张　征　王明欣　封面设计：张　静
责任印制：常天培
河北虎彩印刷有限公司印刷
2025年6月第1版第10次印刷
210mm×285mm·13.5 印张·311千字
标准书号：ISBN 978-7-111-70083-8
定价：59.00元

电话服务　　　　　　　　　网络服务
客服电话：010-88361066　　机　工　官　网：www.cmpbook.com
　　　　　010-88379833　　机　工　官　博：weibo.com/cmp1952
　　　　　010-68326294　　金　书　网：www.golden-book.com
封底无防伪标均为盗版　　机工教育服务网：www.cmpedu.com

前言 PREFACE

随着世界各国对环境保护、技术进步和能源安全重视程度的加深,大量消耗化石能源的内燃机在公路交通领域的应用正逐渐被采用其他能源的各类动力系统所取代,以电动化、网联化、智能化为技术背景的新能源汽车行业迎来发展良机。近年来,新能源汽车安全问题受到国家相关部门及行业越来越高的关注,国家在新能源汽车安全技术要求、安全标准体系、安全监控体制建立等方面相继出台了一系列管理政策及法规,可以说新能源汽车的安全性是实现新能源汽车产业可持续发展以及提升企业产品竞争力的核心内容。

为了进一步提高新能源汽车维修人员对整车电气安全及高压电气相关标准的掌握程度,学习高压安全防护原则,减小高压电气事故发生概率;积极响应国家职业教育"三教"改革,满足我国新能源汽车产业迅猛发展下对新能源汽车高素质技术技能人才的需求,特编写了本书。

本书由校企合作共同开发编写,成功地将理论基础与实践应用完美融合,具有以下特点:

1. 对接标准规范,"岗课赛证"融通重构教材内容

本书紧跟新能源汽车产业发展规划,深入调研、明确新能源汽车技术专业群岗位对高压安全防护与应急处理人员的素质、知识、能力要求;对接全国职业院校技能大赛考核内容;融入智能新能源汽车职业技能等级证书、低压电工证考核标准、行业新规范。充分重视从事新能源汽车工作的安全教育,遵循学生认知规律,将教材内容重构为由单一到综合的"非高压系统工作""不带电环境下的高压系统工作""带电环境下的高压系统工作"三大模块。每个模块中提取企业典型工作任务转化为不同的项目,项目下涵盖不同的学习

任务，旨在培养学生正确操作新能源汽车、在工作前按规范做好安全与作业准备、认识并拆检新能源汽车高压系统、灵活处理新能源汽车事故现场的岗位职业能力。

2. 落实立德树人，"三进三融"探索教材育人功能建设

编写团队挖掘、提炼本课程蕴含的思想价值和精神内涵，确定了将育人元素融入任务目标、教材内容、教材资源的"三进"思路。"进目标"在每个任务的任务目标中凸显育人素养目标设定；"进内容"将育人元素贯穿于三个模块，模块一注重培养学生绿色出行、节能减排的环保理念，模块二引导学生发扬精益求精、追求卓越的工匠精神，模块三重点塑造学生迎难而上、积极应变的良好心态；"进资源"是在教材配套资源中充分体现。同时，编写团队不断思考认知，注重"有机融、适时融、恰当融"的"三融"策略，准确、规范地融入育人元素以及党的二十大精神内涵，为培养德智体美劳全面发展的社会主义建设者和接班人奠定坚实基础。

3. 借助"互联网+"，"以学生为中心"开发数字化资源

本书以新型活页式教材形态编写，借助"互联网+"及信息技术，邀请行业、企业专家，结合学生学习特点及认知习惯，有效融入产业新技术、新标准、新规范，紧抓数字化机遇，建设职业教育在线精品课程《新能源汽车高压安全与基础》，涵盖了大量微课、动画、课堂教学实录、虚拟仿真资源，广大学生可通过智慧树平台注册学习。针对学习任务中的重点和难点，将在线课程的资源通过二维码的方式嵌入。丰富的教学资源使本书能够满足"人人皆学、处处能学、时时可学"的学习需要，同时借助"互联网+"平台不断丰富、优化、更新数字化资源，推进教育数字化。

本书是由山东劳动职业技术学院孙建俊、谭逸萍主编，其中孙建俊编写了项目四并负责全书统稿，谭逸萍编写了项目五；山东劳动职业技术学院李亚文、唐琳琳、李飞任副主编，李亚文编写了项目二，唐琳琳编写了项目三，李飞编写了项目一；山东劳动职业技术学院夏福禄、吴琼宇、王德猛参编，分别编写了项目六的任务1、任务2和任务3；山东劳动职业技术学院李娜娜、史蕾蕾、张帅参与了本书二维码视频的拍摄。

在本书的编写过程中，吉利汽车研究总院的范武提供了宝贵意见并给予了大力帮助。同时，参考了大量书籍并借鉴了汽车维修手册和相关培训资料，在此致以诚挚的谢意。

由于活页式教材涉及内容新，加之编者水平有限，书中如有不妥之处，恳请广大读者批评指正。

编者

二维码索引

名称	二维码	页码	名称	二维码	页码
新能源汽车安全驾驶		4	车辆高压断电标准操作		64
车辆高压下电基本流程		11,90	新能源汽车绝缘拆装工具认知		69
新能源汽车充电流程		14	绝缘电阻测试仪		72
车辆充电过程中禁止作业		16	新能源汽车故障诊断仪的使用		80
新能源汽车日常养护操作		25	电机控制器线束的拆装		127
高压电对人体的伤害		35	高压互锁回路的作用及原理		162
电流对人体的伤害		38	新能源汽车火灾事故应急处理		187
触电急救流程		47	新能源汽车起火原因及特点		188
高压监护人员基本要求		58	灭火器的分类及使用		189
新能源汽车高压安全防护用具认知和使用		58	干粉灭火器的使用		190
个人安全防护用具的检查		60	新能源汽车水灾事故应急处理		201

目 录 CONTENTS

前言
二维码索引

模块一 非高压系统工作

项目一 新能源汽车的安全驾驶与使用 2

任务1 新能源汽车的驾驶操作 2
任务2 新能源汽车的充电操作 13
任务3 新能源汽车的日常养护操作 23

模块二 不带电环境下的高压系统工作

项目二 高压危害与触电急救操作 34

任务1 高压电流带来的危害 34
任务2 触电事故的现场急救 46

项目三 新能源汽车工作安全与作业准备 56

任务1 高压安全防护用具的认识和使用 56

任务2　新能源汽车常用高压维修工具的认识与使用……………………68
　任务3　新能源汽车诊断仪的认识与使用……………………………………79
　任务4　新能源汽车高压断电标准操作………………………………………88

项目四　新能源汽车高压系统的基本检查……………………………98

　任务1　新能源汽车高压系统组成部件的识别与基本检查…………………98
　任务2　新能源汽车高压线束的识别与基本检查……………………………110

项目五　新能源汽车高压系统的安全检测……………………………124

　任务1　新能源汽车高压线束的安全拆装与检测……………………………124
　任务2　新能源汽车高压部件的安全拆装与检测……………………………136
　任务3　新能源汽车绝缘故障排查……………………………………………148
　任务4　新能源汽车高压互锁回路验证………………………………………162

模块三　带电环境下的高压系统工作

项目六　新能源汽车事故现场应急处理………………………………176

　任务1　新能源汽车无法起动应急处理………………………………………176
　任务2　新能源汽车火灾事故应急处理………………………………………187
　任务3　新能源汽车水灾事故应急处理………………………………………197

参考文献…………………………………………………………………………205

模块一
非高压系统工作

【模块工作情境】

新能源汽车相关从业人员在工作中需要对新能源汽车进行驾驶、充电、日常维护等非高压操作，此类操作中不需要断开车辆的高压系统，但禁止触碰任何橙色高压部件和相关设施。当遇到某些不确定事件时，为了防止意外发生，必须咨询高压系统操作人员。新能源汽车驱动高效率、运行零排放等特点能够推动绿色、低碳、可持续发展，作为一名新能源汽车维修人员，在掌握驾驶、充电、日常维护等非高压操作要领的同时应具备低碳环保、绿色出行的环保理念。

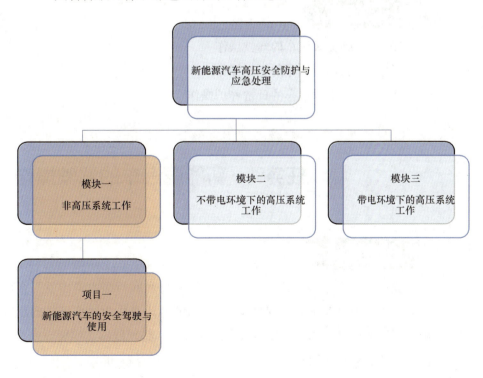

项目一

新能源汽车的安全驾驶与使用

【工作情境】

王新是新能源汽车维修站的一名学徒工，刚进入新能源汽车维修站实习，需要学会驾驶维修站新到的一批新能源汽车，并对这批新能源汽车进行充电、基本日常养护操作。

【学习目标】

1）能够规范进行新能源汽车的驾驶操作。
2）能够规范完成新能源汽车的充电操作。
3）能够按照日常养护流程规范完成新能源汽车各养护项目的检查并记录。
4）能够规范完成新能源汽车清洗操作。

【工作任务】

任务1　新能源汽车的驾驶操作
任务2　新能源汽车的充电操作
任务3　新能源汽车的日常养护操作

任务1　新能源汽车的驾驶操作

【任务描述】

党的二十大报告中指出："必须牢固树立和践行绿水青山就是金山银山的理念，站在人与自然和谐共生的高度谋划发展。"新能源汽车作为绿色低碳的出行方式，对节能减排做出了巨大贡献。作为新能源汽车维修人员，必须能够按照要点安全、规范地驾驶新能源汽车，这是从事新能源汽车行业必备的专业技能与素养。

【任务目标】

1. 发展能力

1）了解我国新能源汽车产业发展现状及趋势。

2）能够描述新能源汽车的概念与分类。

3）能够总结车辆出行前的基本检查项目。

4）能够说出新能源汽车仪表指示灯的含义。

2. 操作能力

1）能够在驾驶车辆前完成基本检查，正确调节座椅、转向盘、安全带以及后视镜。

2）能够以小组合作的形式规范驾驶新能源汽车，正确记录仪表盘信息。

3. 社会能力

1）小组合作完成新能源汽车驾驶任务，培养学生的团队合作精神，树立低碳环保、绿色出行的环保意识。

2）通过新能源汽车的驾驶激发学生对新能源汽车文化的兴趣。

【任务书】

_____是一名新能源汽车维修学员，新能源汽车维修工班_____组接到了识别并驾驶吉利 EV450 电动汽车的任务，班长根据作业任务对班组人员进行了合理分工，同时强调了安全工作。_____接到任务后，按照操作注意事项和操作要点开始驾驶吉利 EV450 电动汽车。

【任务分组】

班级		组号		指导教师	
组长		学号			
小组成员	姓名	学号	角色分工		
			监护人员		
			操作人员		
			记录人员		
			评分人员		

【获取信息】

一、新能源汽车简介

根据《新能源汽车产业发展规划（2021—2035 年）》，我国新能源汽车产业将深化"三纵三横"研发布局。以_____、_____、_____为"三纵"，布局整车技术创新链；以_____、_____、_____为"三横"，构建关键零部件技术供给体系。

1. 新能源汽车的概念

根据国家《新能源汽车生产企业及产品准入管理规定》的规定：新能源汽车是指采用新型动力系统，完全或者主要依靠新型能源驱动的汽车，包括插电式混合动力（含增程式）汽车、纯电动汽车和燃料电池汽车等。

2. 新能源汽车的分类

（1）电动汽车　电动汽车包括纯电动汽车、混合动力电动汽车和燃料电池电动汽车。

① 纯电动汽车是指车辆的驱动能量全部由　　　　　　提供、由　　　　　　驱动的汽车，电机的驱动电能来源于车载可充电储能系统或其他能量储存装置。

根据《新能源汽车产业发展规划（2021—2035年）》，到2035年，纯电动汽车成为新销售车辆的主流，公共领域用车全面电动化。纯电动汽车不需要采用内燃机，因此纯电动汽车的电动机相当于传统汽车的　　　　　　，　　　　　　相当于传统汽车的燃油箱。电能是二次能源，可以来源于风能、水能、热能、太阳能等。

② 混合动力电动汽车是指能够至少从可消耗的燃料、可再充电能／能量储存装置中获得动力的汽车。

③ 燃料电池电动汽车是指以燃料电池系统作为单一动力源或者是以燃料电池系统与可充电储能系统作为混合动力源的电动汽车。

（2）气体燃料汽车　气体燃料汽车是指利用可燃气体作为能源驱动的汽车。汽车的气体代用燃料种类很多，常见的有压缩天然气（CNG）、液化天然气（LNG）、液化石油气（LPG）。

（3）生物燃料汽车　燃用生物燃料或燃用掺有生物燃料的汽车称为生物燃料汽车。与传统汽车相比，生物燃料汽车在结构上无重大改动，但排放总体上较低，如乙醇燃料汽车和生物柴油汽车等。

（4）氢燃料汽车　氢燃料汽车是指以氢为主要能量驱动的汽车。一般汽车使用汽油或柴油作为内燃机的燃料，而氢燃料汽车则使用气体氢作为内燃机的燃料。

除以上提到的4种新能源汽车外，新能源汽车还包括利用太阳能、原子能等其他能量形式驱动的汽车。

> **知识拓展：**
>
> 中国拥有世界上增速最快的新能源汽车市场，越来越多的消费者倾向于购买新能源汽车。下列纯电动汽车品牌你认识吗？
>
>

扫一扫

新能源汽车安全驾驶

二、新能源汽车的驾驶

1. 行车前检查

（1）绕车一周检查　驾驶车辆前，应逆时针绕车一周，如图1-1所示，确保车辆行车环境安全。

（2）进入车辆检查

① 调节驾驶人座椅。将右脚轻踏在制动踏板上，以右脚与小腿夹角约_____，大腿与小腿夹角约_____的标准，调节座椅的前后及高低位置，这样不仅能保持踩踏板的正确姿势，还能保证毫不费力地踩下制动踏板。随后调节座椅靠背，使大腿与身体躯干夹角保持约 95°，如图 1-2 所示。

①检查车身表面是否有_____

②检查地面是否有_____

③检查轮胎是否有_____

④检查车辆周围是否有_____

图 1-1　行车前绕车一周检查

图 1-2　调节驾驶人座椅

② 调节转向盘。双手握住转向盘_____、_____点位置，将转向盘调整至视线能看清仪表盘全貌的高度，再前后推拉转向盘至小臂与大臂夹角约 135°；胸部距离转向盘中心_____mm 左右，避免在车辆受到撞击时，面部直接撞上正在充气的安全气囊，如图 1-3 所示。

图 1-3　调节转向盘

③ 调节安全带。安全带系好后调节至贴合住左肩的高度。

④ 调节后视镜。让车身在外后视镜中的投影不超过镜面面积的_____；路面占外后视镜镜面面积的_____（右后视镜可稍低，以便观察车身右后部的盲区）；内

后视镜调节至能完整看到后风窗玻璃，如图 1-4 所示。

图 1-4 调节后视镜

2. 起动车辆

踩下制动踏板，打开点火开关。新能源汽车的点火开关与传统汽车的点火开关构造相似，分为机械钥匙点火开关和一键起动开关两种。

（1）机械钥匙点火开关 通常有 LOCK、ACC、ON、START 4 个档位，如图 1-5 所示。

LOCK：_____，此位置是钥匙插入和拔出的位置，此时车辆除了防盗系统和车内小灯以外，电路完全关闭，转向盘被锁止。

图 1-5 机械钥匙点火开关

ACC：_____，将钥匙拧到此位置时，附件用电路会接通，收音机等设备可用，但全车其他部件尚未通电。

ON：_____，将钥匙拧到此位置时，全车电路接通，所有部件全部处于通电状态。

START：_____，将钥匙拧到此位置时，车辆高压正常上电，松手 1~2s 后钥匙自动回到 ON 档。

（2）一键起动开关 随着科技的发展进步，越来越多的汽车选择一键起动开关，通过按钮装置实现简约起动。以吉利 EV450 电动汽车为例，一键起动开关上标有 _____、_____、_____，对应 3 种工作模式，如图 1-6 所示。

① ACC 模式。不踩制动踏板，按下一键起动开关，车辆部分电路通电，此时一键起动开关橙色指示灯亮。

图 1-6 吉利 EV450 电动汽车一键起动开关

② ON 模式。踩下制动踏板，此时一键起动开关绿色指示灯亮，按下一键起动开关，车辆所有电路通电，高压上电。

③ 关闭模式。车辆高压上电后，按下一键起动开关，全车断电，转向盘被锁止。

3. 检查车辆仪表

与传统汽车不同，新能源汽车的起动通常称为上电。上电是指打开点火开关到仪表显示 _____ 的过程。当车辆起动后"READY"灯正常亮时，新能源汽车已经成功上电，可以挂档行驶。

新能源汽车的仪表可以显示车辆的实时情况，例如车速、电量、里程等。

想一想：

一键起动开关有什么优点？

以吉利 EV450 电动汽车为例，车辆上电后，仪表显示包括 ＿＿＿＿＿＿、＿＿＿＿＿＿、＿＿＿＿＿＿ 三部分，如图 1-7 所示。

（1）电量表　显示车辆当前的动力蓄电池的 ＿＿＿＿＿＿。

（2）行车电脑显示屏　可显示多种不同的行车界面，通过按钮调节切换，主要显示数字车速、数字电耗、续航里程以及胎压监测，如图 1-8 所示。

图 1-7　吉利 EV450 电动汽车仪表盘

图 1-8　吉利 EV450 电动汽车行车电脑显示屏界面

（3）驱动电机功率表　显示车辆当前的驱动电机功率，功率数值越大表明当前车辆动力越强。

与传统燃油汽车相比，新能源汽车仪表盘上的部分指示灯是新能源汽车专属的，比普通汽车多出了各种指示灯、警告灯。以吉利 EV450 电动汽车为例，请将下面指示灯图片与其对应的定义进行连线。

4. 正确选择档位

新能源汽车档位含义与传统汽车的档位含义类似。吉利 EV450 电动汽车电子变速杆如图 1-9 所示。

 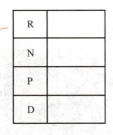

图 1-9 吉利 EV450 电动汽车电子变速杆

> **想一想：**
> 新能源汽车制动能量回收有什么作用？

（1）驻车档（P 位）当车辆需要长时间停放时，确保车辆处于静止状态，踩下制动踏板，将变速杆切换至驻车档位置。

（2）倒档（R 位）当车辆需要倒退时，确保车辆处于静止状态，踩下制动踏板，将变速杆切换至倒档位置。

（3）空档（N 位）当车辆暂时停驶时，确保车辆处于静止状态，踩下制动踏板，将变速杆切换至空档位置。

（4）前进档（D 位）当车辆需要前进时，确保车辆处于静止状态，踩下制动踏板，将变速杆切换至前进档位置。

吉利 EV450 电动汽车变速杆后方是制动能量回收及驾驶模式调节的区域。制动能量回收分为强、中、弱 3 档，强弱两档通过旋钮调节，按下旋钮上的按键切换至中档。驾驶模式包括_____和_____两种模式，如图 1-10 所示。

图 1-10 吉利 EV450 电动汽车制动能量回收及驾驶模式调节区域

> **想一想：**
> 新能源汽车与传统汽车的驾驶有哪些区别？

5. 车辆行驶

踩下制动踏板，按下起动开关，"READY"灯正常亮后，选择前进档，放下驻车制动，松开制动踏板，踩下加速踏板，开始车辆行驶操作。

车辆行驶注意事项：

1）当车辆需要改变前进、后退方向时，应待车辆停稳后进行。

2）在驾驶过程中，请勿将手放置在变速杆上。

6. 车辆停止

松开加速踏板，踩下制动踏板减速，选择平实路面靠边停车，拉起驻车制动器手柄，将变速杆置于 N 位或 P 位，关闭一键起动开关，取出并带走钥匙。

【任务计划】

一、新能源汽车驾驶注意事项

1）进入实训车间应穿戴工作服、工作鞋,不可佩戴手表、钥匙等金属配饰,以免划伤实训车辆表面。

2）学生操作时,前排乘员座上必须有教师进行指导和监护。

3）驾驶路线设置为人少的路段,必须有专门的人员负责查看周围环境。

4）驾驶操作人员需持有驾驶执照或初步具备驾驶经验,车速不得超过 30km/h。

二、制订新能源汽车的驾驶操作流程

在教师的指导下,查阅相关资料,小组讨论并制订新能源汽车驾驶操作流程。

步骤	作业内容

【任务决策】

各小组选派代表阐述任务计划,小组间相互讨论、提出不同的看法,教师总结点评,完善方案。

【任务实施】

在教师的指导下完成分组,小组成员合理分工,完成新能源汽车驾驶操作任务。

"新能源汽车的驾驶操作"任务实施表

班级		姓名	
小组成员		组长	
操作员		监护员	
记录员		评分员	

（续）

任务实施流程			
序号	作业内容	具体作业内容	结果记录
1	绕车一周检查	车辆周围是否有异物	□是　□否
		地面是否有异物	□是　□否
		车身表面是否有剐蹭	□是　□否
		轮胎是否漏气	□是　□否
2	车辆内部检查	调整驾驶人座椅：右脚与小腿夹角约_____，大腿与小腿夹角约_____，大腿与身体躯干夹角约_____	
		调整转向盘：双手握住转向盘_____点，胸部距离转向盘约_____cm	
		调整安全带	□是　□否
		调整外后视镜：车身在外后视镜中的投影不超过镜面面积的_____，路面占外后视镜镜面面积的_____	
		调整内后视镜：调节至能完整看到_____	
3	起动车辆	驻车制动器手柄状态　□拉起　□放下	
		变速杆档位　□P　□R　□N　□D	
		踩下制动踏板，一键起动开关指示灯颜色： □不亮　　□橙色　　□绿色	
4	检查仪表	READY 灯是否亮　　□是　　□否 是否有故障指示灯　□是　　□否 剩余电量：_____　续航里程：_____	
5	正确选择档位	车辆前进时选择档位：□P　□R　□N　□D 车辆倒车时选择档位：□P　□R　□N　□D 车辆驻车时选择档位：□P　□R　□N　□D	
6	车辆行驶	起步转向灯选择：□左转向灯　　□右转向灯 驻车制动器手柄状态：□拉起　　□放下 行驶最高车速：_____　行驶平均电耗：_____	
7	靠边停车	靠边停车转向灯：□左转向灯　　□右转向灯 停车后档位：□P　□R　□N　□D 停车后驻车制动器手柄：□拉起　　□放下 一键起动开关状态：□打开　　□关闭	
8	作业场地检查	检查车辆车窗是否关闭	□是　□否
		检查车门是否关闭正常	□是　□否
		检查车辆下电是否正常	□是　□否
		车辆钥匙是否妥善保管	□是　□否

【质量检查】

一、小组自检

各小组根据任务实施的记录结果，对本小组的作业内容进行再次确认。

序号	检查项目	检查结果	
1	规范地检查行车前作业场地是否符合要求	□ 是	□ 否
2	行车前能进行车辆外观以及性能状况检查	□ 是	□ 否
3	能正确起动车辆并记录仪表信息	□ 是	□ 否
4	行车时规范使用转向灯、喇叭，规范操作转向盘	□ 是	□ 否
5	能规范停车，能正确操作驻车制动器并下电	□ 是	□ 否
6	按照 7S 管理规范恢复车辆及场地	□ 是	□ 否

二、教师检查

教师根据各小组作业完成情况进行质量检查，选择优秀小组成员进行作业情况汇报，针对作业过程中出现的问题提出改进措施与建议。

作业问题及改进措施：

扫一扫

车辆高压下电基本流程

【课后提升】

以小组为单位查阅网络资料，了解目前我国新能源汽车的发展现状，选择一辆国产新能源汽车，总结其技术的优点和缺点。

【评价反馈】

小组内合理分工，交换操作员、监护员、记录员、评分员角色，完成作业任务后，结合个人、小组在课堂中的实际表现进行总结与反思。

1. 请小组成员完成本次工作任务评分。

"新能源汽车的驾驶操作"作业评分表

序号	作业内容	评分要点	配分	得分	判罚依据
1	接受任务（1分）	□ 未在课前完成线上资源学习扣1分	1		
2	车辆行驶前检查（9分）	□ 未按照规范穿着工作服、工作鞋扣1分	1		
		□ 未检查车辆周围是否有障碍物扣1分	1		
		□ 未检查地面是否有障碍物扣1分	1		
		□ 未检查车身表面是否有剐蹭扣1分	1		
		□ 未检查轮胎是否漏气扣1分	1		
		□ 未正确调整驾驶位扣1分	1		
		□ 未正确调整转向盘扣1分	1		
		□ 未正确调整安全带扣1分	1		
		□ 未正确调整后视镜扣1分	1		

（续）

序号	作业内容	评分要点	配分	得分	判罚依据
3	车辆起动 （5分）	☐ 未检查驻车制动器手柄扣1分	1		
		☐ 未确认档位状态扣1分	1		
		☐ 未确认READY灯亮扣1分	1		
		☐ 未查看并记录SOC值扣1分	1		
		☐ 未检查仪表故障指示灯情况并记录扣1分	1		
4	车辆行驶 （5分）	☐ 未放下驻车制动器手柄扣1分	1		
		☐ 未将档位切换至前进档扣1分	1		
		☐ 未记录最高车速扣1分	1		
		☐ 未记录平均电耗值扣1分	1		
		☐ 车辆行驶速度高于30km/h扣1分	1		
5	车辆停驶 （4分）	☐ 未规范靠边停车扣1分	1		
		☐ 未将档位切换至驻车档扣1分	1		
		☐ 未拉起驻车制动器手柄扣1分	1		
		☐ 未确认车辆下电是否正常扣1分	1		
6	场地检查 （3分）	☐ 未检查车辆车窗是否关闭扣1分	1		
		☐ 未检查车门是否关闭正常扣1分	1		
		☐ 未将钥匙交由教师保管扣1分	1		
7	课后提升 （3分）	☐ 未及时完成课后作业任务扣1分	1		
		☐ 未自主学习相关任务知识扣1分	1		
		☐ 未及时对本任务学习过程中存在的问题进行反思、改进扣1分	1		
8	安全事故	☐ 损伤、损毁车辆、设备或造成人身伤亡的，视情节扣2~20分；发生特别严重的安全事故的不得分			
	合计		30		

2. 小组作业中是否存在问题？如果有问题，如何成功解决该问题？

3. 请对个人在本次工作任务中的表现进行总结与反思。

【课堂笔记】

任务 2　新能源汽车的充电操作

【任务描述】

党的二十大报告提出："积极稳妥推进碳达峰碳中和。"实现碳达峰碳中和目标将带来巨大的绿色低碳消费需求,在此背景下新能源汽车保有量将持续稳步增长,同时也将不断促进充电桩需求的扩大。2020年3月,充电桩正式列入我国新型基础建设领域,截至2021年3月,我国各类充电桩数量已经达到了178.8万个,在努力实现"碳中和"的背景下,未来我国将会刻不容缓地发展新能源汽车,新能源汽车保有量的稳步增长将会促进充电桩需求的扩大,预计到2060年,我国充电桩新增投资额将达到18.15亿元。作为一名未来的新能源汽车维修工,你必须掌握充电桩的基础知识、按照规范对新能源汽车进行充电操作,这是从事新能源汽车行业必备的专业技能与素养。

【任务目标】

1. 发展能力

1)能够总结新能源汽车的充电方式及其特点。

2)能够描述新能源汽车充电操作流程。

3)能够总结新能源汽车充电操作的注意事项。

2. 操作能力

1)能够在充电前完成充电枪、车辆充电口的基本检查。

2)能够正确操作交流充电桩,规范完成充电操作,记录充电数据。

3. 社会能力

1)按照角色分工完成新能源汽车充电任务,培养学生的团队合作精神。

2）通过课后调研任务，培养学生的自主学习意识，进一步树立绿色环保理念。

【任务书】

_____是一名新能源汽车维修学员，新能源汽车维修工班_____组接到了为一辆吉利EV450电动汽车充电的任务，班长根据作业任务对班组人员进行了合理分工，同时强调了安全工作。_____接到任务后，按照操作注意事项和操作要点开始为吉利EV450电动汽车充电。

【任务分组】

班级		组号		指导教师	
组长		学号			
小组成员	姓名	学号	角色分工		
			监护人员		
			操作人员		
			记录人员		
			评分人员		

【获取信息】

一、新能源汽车充电系统的定义

充电系统是新能源汽车（包含纯电动汽车和插电式混合动力汽车）的能源补给系统，为保障车辆持续行驶提供动力能源。

扫一扫

新能源汽车
充电流程

二、新能源汽车的充电方法

根据充电方法的特点，新能源汽车的充电方法可分为常规充电、快速充电、更换动力蓄电池充电、无线充电等。

1. 常规充电

常规充电根据动力蓄电池的充电曲线，应用传统的先恒流后恒压的充电方法给动力蓄电池充电，以便在整个充电过程中使充电特征与动力蓄电池的固有特性更接近，从而有效地防止动力蓄电池过充电或欠充电。常规充电也称为_____，常被用于小型充电站和家用充电设施充电。

（1）常规充电的优点

1）充电电流、充电功率小，相关的充电机的安装成本和使用成本低。

2）可充分利用电力低谷时段进行充电，降低充电成本。

3）充电电流小，有利于延长蓄电池的使用寿命。

（2）常规充电的缺点　充电时间长，一般为6~8h。

模块一　非高压系统工作

2. 快速充电

使动力蓄电池在很短时间内接近或达到充满状态的充电方法称为快速充电。快速充电在短时间内能够以较大直流电流为动力蓄电池充电，典型的充电时间一般为20min~2h。快速充电又称为_____，需要建设专用的、可靠性高的电网，大多在10kV变电站附近进行，一般只适用于大型充电站。

（1）快速充电的优点　充电时间短。

（2）快速充电的缺点

1）降低动力蓄电池的使用寿命。

2）充电站成本较高，盈利模式值得商榷。

3. 更换动力蓄电池充电

在新能源汽车动力蓄电池需要充电的时候，通过更换动力蓄电池来实现给新能源汽车供给能源的方法称为更换动力蓄电池充电。由于动力蓄电池质量较大，更换时的专业化要求较高，故需配备专业人员借助专业机械快速完成蓄电池的更换、充电和维护。

《新能源汽车产业发展规划（2021—2035年）》中指出应加强充换电基础设施的建设，鼓励各类充换电设施实现互联互通。

4. 无线充电

无线充电又称为_____，车辆与充电设备不需要接触即可实现充电。无线充电是应用电磁感应进行充电的，如图1-11所示。

> **想一想：**
>
> 更换动力蓄电池充电方法有什么优点？

图1-11　新能源汽车无线充电

三、新能源汽车充电桩

伴随新能源汽车的发展，配套的充电设施建设随之而来。充电桩作为充电设施的重要组成部分，在2020年被纳入"新基建"，成为发展新能源汽车、激发新消费需求、助力产业升级的前置条件。

1. 充电桩的功能

充电桩一般提供常规充电和快速充电两种充电方式，用户可使用特定的充电卡在充电桩提供的人机交互操作界面上刷卡使用，进行相应的充电方式、充电时间、费用数据打印等操作，充电桩显示屏能显示充电量、费用、充电时间等数据。

2. 充电桩的类型

1）按安装地点可分为_____、_____和_____。

15

① 公用充电桩。建设在公共停车场结合停车泊位，为社会车辆提供公共充电服务的充电桩。

② 专用充电桩。建设在企业自有停车场，供企业内部人员使用的充电桩。

③ 自用充电桩。建设在个人自由车位，为私家车辆充电的充电桩。

2）按安装方式可分为_____和_____，如图 1-12 所示。

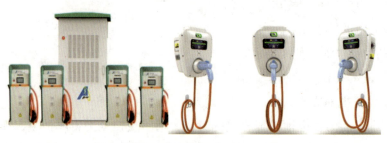

图 1-12　落地式充电桩与壁挂式充电桩

3）按充电接口可分为_____和_____。

4）按充电类型可分为_____、_____和交直流一体充电桩。

四、典型交流充电桩的充电操作

1. 车辆充电注意事项

1）不要在充电插座塑料口盖打开的状态下关闭充电口盖板。

2）不要用力拉或者扭转充电电缆。

3）不要使充电设备承受撞击。

4）不要把充电设备放在靠近加热器或其他热源的地方。

5）充电时，不建议人员停留在车辆内。

6）充电时，建议将车辆停放在通风处。

2. 吉利 EV450 电动汽车交流充电

下面以吉利 EV450 电动汽车为例讲解典型交流充电桩的充电过程。

1）关闭车辆点火开关，确保车辆处于下电状态。

2）确保车辆档位置于空档或驻车档。

3）打开充电口盖开关，检查充电口是否有异物。

吉利 EV450 电动汽车交流充电口位于左侧前翼子板处，向内推动开关可以打开充电口盖，充电指示灯位于车辆充电口上方，用于指示不同的状态。其中，白色灯光是照明，绿色灯光常亮 15min 代表充电完成，绿色灯光闪烁（1Hz）代表正在充电，红色是充电故障，蓝色为放电，如图 1-13 所示。

知识拓展：

我国充电桩的发展状况

《新能源汽车产业发展规划（2021—2035 年）》中提出，要依托互联网＋智慧能源，提升智能化水平，积极推广智能有序慢充为主、应急快充为辅的居民区充电服务模式，加快形成适度超前、快充为主、慢充为辅的高速公路和城乡公共充电网络。"智慧慢充桩＋大功率快充站"充电设施体系是行业未来走向。

交流桩仍是新能源汽车最主要充电方式，引入智慧充电系统有望破解电网负荷不足问题。住宅小区以及工作、娱乐和消费场所是交流桩主要落地场景，智慧充电系统通过有序充电和调整功率实现错峰充电，在电力不扩容的情况下实现"一车一桩"的电力配置。

直流快充站满足临时性、应急性充电需求，大功率充电是其关键支撑技术。大功率充电技术可实现"充电 10~15min、续航 300km"，充电便利性有望比肩燃油汽车加油。

扫一扫

车辆充电过程中禁止作业

图 1-13　吉利 EV450 电动汽车交流充电口

> **思考：**
>
> 新能源汽车的充电口一般会在哪些位置？
>
> _____
> _____
> _____
> _____
> _____
> _____
> _____

4）连接充电枪。

5）刷卡充电。

① 充电桩上电后显示默认初始界面，可选择多种充电模式。以充电卡充电为例，单击"国网充电卡"图标，如图 1-14 所示。

② 选择固定金额或输入其他金额，有卡密码则输入密码，无密码的直接单击确定，如图 1-15 所示。

图 1-14　充电桩初始界面

图 1-15　充电桩金额输入界面

③ 刷卡，界面显示刷卡成功，充电起动中，如图 1-16 所示。

图 1-16　充电桩刷卡界面

④ 开始充电，充电成功后界面会显示充电电量、充电电压、充电电流、充电费用等基本信息，如图 1-17 所示。

6）查看车辆仪表充电信息。当仪表上对应的 _____ 亮时，表示充电链路设备连接正常。当仪表上对应的 _____ 亮时，表示新能源汽车的动力蓄电池已经开始充电，如图 1-18 所示。

图 1-17　充电桩充电界面

> **想一想：**
>
> 新能源汽车能不能在雨天充电？
> _____
> _____
> _____
> _____
> _____

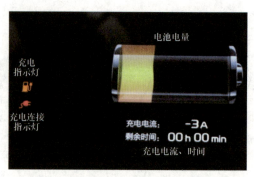

图 1-18　吉利 EV450 电动汽车充电时仪表显示

7）结束充电。当动力蓄电池充满电后，交流充电桩可自动结束充电；如果中途需要停止充电，可单击"停止充电"图标，然后刷卡结算，跳转至结算界面，如图 1-19 所示。

图 1-19　充电桩充电结算界面

8）拔出充电枪，将其放在指定位置，关闭充电口盖。

> **知识拓展：**

吉利 EV450 电动汽车随车配备便携式充电器，如图 1-20 所示，便携式充电器只需要连接家用 220V 16A 插座就可以实现简约、便捷充电。

图 1-20　吉利 EV450 电动汽车便携式充电器

便携式充电器上的指示灯包括电源指示灯（中间的圆圈）、充电状态指示灯（左侧 3 段线）以及充电故障指示灯（右侧 5 段线）。当车辆开始成功充电时，电源指示灯应_____常亮、充电状态指示灯_____循环闪烁、充电故障指示灯熄灭，如图 1-21 所示。

图 1-21　充电设备指示灯

【任务计划】

一、吉利 EV450 电动汽车交流充电

1）使用便携式充电器为车辆充电。
2）使用交流充电桩为车辆充电。

二、制订吉利 EV450 电动汽车充电操作流程

在教师的指导下，查阅相关资料，小组讨论并制订吉利 EV450 充电操作流程。

步骤	作业内容

温馨提示：

1）进入实训车间应穿着工作服、工作鞋，留符合安全性的发型，并且不佩戴首饰。
2）实训前，需检查车辆是否停放到位、充电连接装置是否破损。
3）实训时，远离火源及可燃物，保证场地通风，避开雨雪天气。
4）充电过程中，严格遵守课堂纪律，严禁私自触摸、拆卸充电设备。
5）实训时，按要求完成充电操作流程即可，不需要将车辆充满电量。

【任务决策】

各小组选派代表阐述任务计划，小组间相互讨论、提出不同的看法，教师总结点评，完善方案。

【任务实施】

在教师指导下，小组成员合理分工完成新能源汽车的充电操作任务。

"新能源汽车的充电操作"任务实施表

班级		姓名	
小组成员		组长	
操作员		监护员	
记录员		评分员	

任务实施流程

序号	作业内容	具体作业内容		结果记录	
1	确定车辆处于下电状态	一键起动开关状态 驻车制动器手柄：		☐ 打开 ☐ 拉起	☐ 关闭 ☐ 放下
2	车辆档位	档位状态		☐ P ☐ R ☐ N ☐ D	
3	打开车辆交流慢充口	慢充口位置 充电盖板 充电口外观 充电口指示灯	☐ 左前翼子板 ☐ 正常弹开 ☐ 正常 ☐ 白色	☐ 左后翼子板 ☐ 无法弹开 ☐ 有异物 ☐ 红色	☐ 触头受损 ☐ 绿色
4	连接交流充电枪	车端充电枪连接状态 ☐ 紧固连接 ☐ 连接松动			
5	刷卡充电	充电桩通电正常跳转到初始界面		☐ 是	☐ 否
		单击开始充电，设置充电金额 _____ 元			
		刷卡充电跳转至充电界面		☐ 是	☐ 否
		记录充电界面信息： 充电电量 _____ 充电电流 _____ 充电电压 _____			
6	检查车辆仪表	充电线连接指示灯是否亮		☐ 是	☐ 否
		充电指示灯是否亮		☐ 是	☐ 否
		记录充电界面信息： 充电剩余时间 _____ 充电电流 _____			
7	结束充电	单击停止充电		☐ 是	☐ 否
		刷卡停止充电跳转至结算界面		☐ 是	☐ 否
		记录结算信息： 充电电量 _____ 充电费用 _____ 充电时长 _____			
8	拔出充电枪	取出充电枪并放回充电桩		☐ 是	☐ 否
		盖上车辆充电口塑料口盖		☐ 是	☐ 否
		盖上车辆充电口盖板		☐ 是	☐ 否
9	电量检查	起动车辆，记录动力蓄电池 SOC 值：_____			
10	作业场地检查	检查车辆下电是否正常 车辆钥匙是否妥善保管 充电卡是否妥善保管 作业场地是否清洁		☐ 是 ☐ 是 ☐ 是 ☐ 是	☐ 否 ☐ 否 ☐ 否 ☐ 否

一、小组自检

各小组根据任务实施的记录结果，对本小组的作业内容进行再次确认。

序号	检查项目	检查结果
1	作业场地准备符合要求	□ 是　　□ 否
2	规范地完成交流充电桩充电操作流程	□ 是　　□ 否
3	正确、如实记录数据信息	□ 是　　□ 否
4	竣工检查符合要求	□ 是　　□ 否
5	按照 7S 管理规范恢复场地	□ 是　　□ 否

二、教师检查

教师根据各小组作业完成情况进行质量检查，选择优秀小组成员进行作业情况汇报，针对作业过程中出现的问题提出改进措施与建议。

作业问题及改进措施：

_____

_____

_____

_____

【课后提升】

随着新能源汽车的普及，充电桩的使用率越来越高，那么充电桩的收费标准是什么呢？请同学们课后对所在城市的充电桩收费标准进行调研。

【评价反馈】

小组内合理分工，交换操作员、监护员、记录员、评分员角色，完成作业任务后，结合个人、小组在课堂中的实际表现进行总结与反思。

1. 请小组成员完成本次工作任务评分。

"新能源汽车的充电操作"作业评分表

序号	作业内容	评分要点	配分	得分	判罚依据
1	接受任务（1分）	□ 未在课前完成线上资源学习扣 1 分	1		
2	车辆状态（2分）	□ 未确认车辆点火开关关闭扣 1 分	1		
		□ 未确认车辆档位处于驻车档扣 1 分	1		
3	充电桩外观检查（4分）	□ 未检查桩体支撑是否平稳扣 1 分	1		
		□ 未检查充电桩外观有无刮花扣 1 分	1		
		□ 未检查充电枪外观完整扣 1 分	1		
		□ 未检查充电枪内部无异物扣 1 分	1		

(续)

序号	作业内容	评分要点	配分	得分	判罚依据
4	车辆充电口检查（3分）	☐ 未检查车辆充电口外观扣1分	1		
		☐ 未检查车辆充电口有无异物扣1分	1		
		☐ 未规范连接交流充电枪扣1分	1		
5	刷卡充电（4.5分）	☐ 未确认显示屏跳转到初始界面扣1分	1		
		☐ 未正确设置充电金额扣1分	1		
		☐ 刷卡后未确认显示屏跳转到充电界面扣1分	1		
		☐ 未记录充电电流扣0.5分	0.5		
		☐ 未记录充电电量扣0.5分	0.5		
		☐ 未记录充电电压扣0.5分	0.5		
6	检查车辆仪表（3分）	☐ 未确认充电线连接指示灯亮扣1分	1		
		☐ 未确认充电状态指示灯亮扣1分	1		
		☐ 未记录充电电流扣0.5分	0.5		
		☐ 未记录剩余充电时间扣0.5分	0.5		
7	充电中止（3.5分）	☐ 未单击停止充电扣1分	1		
		☐ 刷卡后未确认显示屏跳转到结算界面扣1分	1		
		☐ 未记录充电电量扣0.5分	0.5		
		☐ 未记录充电电流扣0.5分	0.5		
		☐ 未记录充电时长扣0.5分	0.5		
8	拔出充电枪（2分）	☐ 未将充电枪放回充电桩扣1分	1		
		☐ 未盖上充电口塑料口盖扣0.5分	0.5		
		☐ 未盖上车辆充电口盖板扣0.5分	0.5		
9	SOC值确认（2分）	☐ 未确认READY灯亮扣0.5分	0.5		
		☐ 未查看并记录SOC值扣0.5分	0.5		
		☐ 未确认车辆下电扣1分	1		
10	场地检查（2分）	☐ 未将钥匙交由教师保管扣0.5分	0.5		
		☐ 未将电卡交由教师保管扣0.5分	0.5		
		☐ 未清洁场地扣1分	1		
11	课后提升（3分）	☐ 未及时完成课后作业扣1分	1		
		☐ 未自主学习相关任务知识扣1分	1		
		☐ 未及时对本任务学习过程中存在的问题进行反思、改进，扣1分	1		
12	安全事故	☐ 损伤、损毁车辆、设备或造成人身伤亡的，视情节扣2~20分；特别严重的安全事故不得分			
		合计	30		

2. 小组作业中是否存在问题？如果有问题，如何成功解决该问题？

3. 请对个人在本次工作任务中的表现进行总结与反思。

【课堂笔记】

任务3　新能源汽车的日常养护操作

【任务描述】

随着越来越多的人选择新能源汽车，关于新能源汽车的日常养护问题越来越多地受到大家的关注。新能源汽车结构、驱动方式和传统燃油汽车不同，在日常养护方面也有较大差异。那么，在不接触高压部件的前提下，作为一名未来的新能源汽车维修技师，你知道新能源汽车车主应如何在日常使用中对自己的爱车进行正确养护，养成良好的养护习惯吗？

【任务目标】

1. 发展能力

1）总结新能源汽车日常养护项目。
2）熟悉新能源汽车日常养护流程。

2. 操作能力

1）能够在作业前做好安全防护，小组合作按照日常养护流程完成新能源汽车各养护项目的检查并记录。

2）能够小组合作按照规范完成新能源汽车清洗操作。

3. 社会能力

1）小组合作完成新能源汽车日常养护，树立日常养护的安全意识。

2）课后开展车辆养护、清洗服务，提升学生的社会服务能力。

3）能通过清洗车辆使学生养成吃苦耐劳的劳动精神。

【任务书】

_____是一名新能源汽车维修学员，新能源汽车维修工班_____组接到了为一辆吉利 EV450 电动汽车进行日常养护的任务，班长根据作业任务对班组人员进行了合理分工，同时强调了安全工作。_____接到任务后，按照操作注意事项和操作要点开始为吉利 EV450 电动汽车进行日常养护。

【任务分组】

班级		组号		指导教师	
组长		学号			
小组成员	姓名		学号	角色分工	
				监护人员	
				操作人员	
				记录人员	
				评分人员	

【获取信息】

一、新能源汽车日常养护的作用

车辆日常养护的好坏决定了车辆的用车体验，新能源汽车与传统汽车一样需要日常养护。合理的日常养护有以下作用：

1）确保车辆行车安全。

2）延长车辆的使用寿命。

3）使车辆性能达到最佳效果。

二、新能源汽车日常养护项目

新能源汽车的日常养护项目与传统汽车大同小异，最大的区别在于驱动系统，尤其是"三电"系统的养护。由于三电系统的养护涉及高压操作，本任务着重讲解非高压部分的日常养护。新能源汽车的日常养护项目见表 1-1。

表 1-1 新能源汽车的日常养护项目

序号	检查项目	具体检查项目	要求	周期
1	外观检查	车身表面	无划痕	每日
		车窗玻璃	无破裂	每日
		轮胎胎压	胎压符合要求	每周
2	前机舱检查	冷却液液位	符合要求	每周
		制动液液位	符合要求	每周
		风窗玻璃清洗剂液位	符合要求	每周
3	驾驶室内检查项目	喇叭	按钮、声音正常	每日
		灯光	功能正常	每日
		空调	制冷、制热等功能正常	每周

三、吉利 EV450 电动汽车日常养护

下面以吉利 EV450 电动汽车为例讲解新能源汽车日常养护操作。

1. 检查车辆外观

新能源汽车外观检查与传统燃油汽车大致相仿，主要检查车身表面、车窗玻璃、轮胎气压等。

2. 检查前机舱

（1）检查冷却液液位　新能源汽车冷却系统是封闭的，所以正常的冷却液损耗非常少。当冷却系统处于冷态时，冷却液液面应保持在膨胀罐总成上的最低刻线（L）和最高刻线（H）之间。吉利 EV450 电动汽车前机舱有两个膨胀罐，如图 1-22 所示，一个用于存储动力蓄电池冷却液，另一个用于存储冷却驱动电机系统的冷却液。

冷却液高度明显降低意味着冷却系统发生了泄漏。如果发生这种情况，应尽快进行冷却系统的检查。新能源汽车冷却液的更换周期同传统燃油汽车，每＿＿＿＿＿＿＿应当更换 1 次。

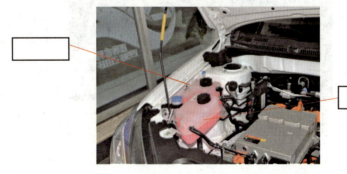

图 1-22 吉利 EV450 电动汽车冷却液膨胀罐

（2）检查制动液液位　每周定期检查制动液液位，制动液液面下降到最低刻线（MIN）以下时，需要加注制动液。无论一辆汽车的行驶里程是多少，每＿＿＿＿＿＿＿应当更换 1 次制动液。

（3）检查风窗玻璃清洗剂液位　每周定期检查风窗玻璃清洗剂的液位。为了保证正常的风窗清洗和防止寒冷天气时冰冻，应加注水和品牌洗涤液的混合液。

> 新能源汽车前机舱使用注意事项：
> ① 打开新能源汽车前机舱前，必须将钥匙拧至 OFF 位置。
> ② 新能源汽车前机舱内标有高压危险的器件、橙色器件，严禁用手直接触摸。
> ③ 前机舱严禁喷水、冲洗。
> ④ 禁止在雨中打开前机舱盖，以防漏电。

3. 检查喇叭

汽车喇叭是驾驶时使用频繁的装置，如果在使用时出现单音、音质差、不响等故障，会给车主带来很多不便。

4. 检查灯光

每日检查灯光是否正常亮，变光功能是否正常。吉利 EV450 电动汽车灯光组合开关如图 1-23 所示。

图 1-23　吉利 EV450 电动汽车灯光组合开关

5. 检查空调系统

每周检查空调制冷、制热、除霜等功能是否正常。吉利 EV450 电动汽车自动空调系统有自动（AUTO）、手动（MANU）、停止（OFF）3 种状态，如图 1-24 所示。

图 1-24　吉利 EV450 电动汽车自动空调面板

四、新能源汽车的清洗

新能源汽车的清洗流程与传统汽车区别不大，但在清洗过程中需要注意：

1）新能源汽车清洗过程中，应注意防止水流入车体充电插座和动力蓄电池部分，防止车身电路短路，如果一旦有水流进入，应立即向相关技术人员咨询解决。

2）严禁用水直接冲洗机舱内任何设备组件。

3）清洁新能源汽车车身油漆表面时，切勿使用刷子、粗布，以避免留下刮伤痕迹，应使用专用的清洁工具。

4）盐、尘土、昆虫、鸟粪等杂物粘在汽车上的时间越长，对汽车的破坏性就越大，应及时进行清洗。

5）不建议在汽车高速行驶后马上进行清洗，应待车身温度降至40℃以下后清洗。

6）将汽车送进自动清洗设备中清洗时，装有车顶天线的汽车不用将天线拆下。

7）用中性洗车剂清洗车辆，用软布浸上清洁液，不要用力擦，以免损坏漆面。

8）忌在烈日下洗车，如果是夏季洗车，应及时擦干，避免留下水珠痕迹。

9）用水管将松动的脏物冲掉，不要用器物硬刮。

10）清洗动力蓄电池部分时要谨慎地清洗，不要用水枪喷射清洗以免蓄电池受潮短路。

【任务计划】

一、制订吉利EV450电动汽车日常养护操作流程

在教师的指导下，查阅相关资料，小组讨论并制订吉利EV450电动汽车日常养护操作流程。

步骤	作业内容

二、作业注意事项

1）进入实训车间应穿着工作服、工作鞋，留符合安全性的发型，并且不佩戴首饰。

2）车辆在存放过程中严禁处于亏电状态。

3）注意保持蓄电池干燥、清洁。

4）前机舱日常养护中，禁止触碰橙色高压线束、部件。

5）清洗车辆时，禁止直接用水枪清洗前机舱。

【任务决策】

各小组选派代表阐述任务计划，小组间相互讨论、提出不同的看法，教师总结点评，完善方案。

【任务实施】

"新能源汽车的日常养护操作"任务实施表

班级		小组	
姓名		学号	
操作员		监护员	
记录员		评分员	

任务实施流程

序号	作业内容	具体作业内容	结果记录
1	作业准备	安装车轮挡块	□ 是　□ 否
		铺设翼子板布三件套	□ 是　□ 否
		铺设驾驶室一次性三件套	□ 是　□ 否
2	记录车辆信息	车辆识别码：_____ 车辆型号：_____　电机型号：_____ 蓄电池电量：_____　工作电压：_____	
3	安装车内、车外三件套	正确安装车内三件套	□ 是　□ 否
		正确安装车外三件套	□ 是　□ 否
4	绕车一周外检	车身有无划痕　　　□ 无　　□ 有，部位_____ 车身有无碰撞或凹坑　□ 无　　□ 有，部位_____ 车窗玻璃有无裂痕　□ 无　　□ 有，部位_____ 前、后刮水器片　　□ 正常　□ 橡胶硬化 轮胎气压　　　　　□ 正常　□ 异常_____	
5	检查冷却系统	各冷却系统软管的安装、连接情况 □ 正常　□ 裂纹　□ 损伤　□ 泄漏 动力蓄电池冷却液高度： □ MAX 与 MIN 之间 □ MIN 以下，采取措施：_____ 驱动电机系统冷却液高度： □ MAX 与 MIN 之间 □ MIN 以下，采取措施：_____	
6	检查制动系统	制动液的高度： □ MAX 与 MIN 之间 □ MIN 以下，采取措施：_____	
7	检查转向系统	喇叭：□ 正常　　□ 异常 转向柱的倾斜及其锁止情况：□ 正常　□ 异常 转向盘自由转动量测量值：_____　标准值：≤30mm	

(续)

序号	作业内容	具体作业内容	结果记录
8	起动车辆，检查仪表信息	READY 灯亮情况： □ 亮　　□ 不亮　　□ 亮后熄灭 故障指示灯亮情况：□ 亮　　□ 不亮	
9	检查灯光系统	外部灯光：　　□ 正常　　□ 异常 前照灯变光：□ 正常　　□ 异常	
10	检查空调系统	检查风量、送风模式、内外循环： □ 正常　　□ 异常 制冷功能：□ 正常　　□ 异常 制热功能：□ 正常　　□ 异常 除霜功能：□ 正常　　□ 异常	
11	作业场地整理	检查车辆下电是否正常	□ 是　　□ 否
		拆卸翼子板布三件套	□ 是　　□ 否
		拆卸一次性三件套	□ 是　　□ 否
		车辆钥匙是否妥善保管	□ 是　　□ 否
		清洁、整理场地	□ 是　　□ 否

【质量检查】

一、小组自检

各小组根据任务实施的记录结果，对本小组的作业内容进行再次确认。

序号	检查项目	检查结果
1	作业场地准备符合要求	□ 是　　□ 否
2	规范地完成新能源汽车日常养护任务	□ 是　　□ 否
3	正确、如实记录数据信息	□ 是　　□ 否
4	规范完成新能源汽车清洗作业	□ 是　　□ 否
5	按照 7S 管理规范恢复场地	□ 是　　□ 否

二、教师检查

教师根据各小组作业完成情况进行质量检查，选择优秀小组成员进行作业情况汇报，针对作业过程中出现的问题提出改进措施与建议。

作业问题及改进措施：

【课后提升】

以小组为单位到实训中心为学院教职工车辆进行日常养护、清洗作业。

【评价反馈】

小组内合理分工，交换操作员、监护员、记录员、评分员角色，完成作业任务后，结合个人、小组在课堂中的实际表现进行总结与反思。

1. 请小组成员完成本次工作任务评分。

"新能源汽车的日常养护操作"作业评分表

序号	作业内容	评分要点	配分	得分	判罚依据
1	接受任务（1分）	□ 未在课前完成线上资源学习扣1分	1		
2	安装车内外三件套（3分）	□ 正确安装车内三件套，未安装、撕裂三件套扣1分	1		
		□ 未正确安装车外三件套扣1分	1		
		□ 三件套脱落扣1分	1		
3	绕车一周外检（5分）	□ 未检查车身有无划痕扣1分	1		
		□ 未检查车身有无碰撞或凹坑扣1分	1		
		□ 未检查车窗玻璃有无裂痕扣1分	1		
		□ 未检查前、后刮水器片是否老化扣1分	1		
		□ 未检查轮胎气压是否扣1分	1		
4	检查冷却系统（3分）	□ 未检查各冷却系统软管的安装、连接情况扣1分	1		
		□ 未检查动力蓄电池冷却液液位扣1分	1		
		□ 未检查驱动电机系统冷却液液位扣1分	1		
5	检查制动系统（1分）	□ 未检查制动液液位扣1分	1		
6	检查转向系统（3分）	□ 未检查喇叭情况扣1分	1		
		□ 未检查转向柱的倾斜及其锁止情况扣1分	1		
		□ 未测量转向盘自由转动量扣1分	1		
7	车辆上电（2分）	□ 未检查READY灯亮情况扣1分	1		
		□ 未检查故障灯亮情况扣1分	1		
8	检查灯光系统（9分）	□ 未检查位置灯是否亮扣1分	1		
		□ 未检查近光灯是否亮扣1分	1		
		□ 未检查远光灯是否亮扣1分	1		
		□ 未检查前照灯变光是否正常扣1分	1		
		□ 未检查转向灯是否亮扣1分	1		
		□ 未检查危险警告灯是否亮扣1分	1		
		□ 未检查雾灯是否亮扣1分	1		
		□ 未检查倒车灯是否亮扣1分	1		
		□ 未检查示制动灯是否亮扣1分	1		

(续)

序号	作业内容	评分要点	配分	得分	判罚依据
9	检查空调系统（5分）	☐ 未检查制冷功能是否正常扣1分	1		
		☐ 未检查制热功能是否正常扣1分	1		
		☐ 未检查除霜功能是否正常扣1分	1		
		☐ 未检查内、外循环功能是否正常扣1分	1		
		☐ 未检查鼓风机转速是否正常扣1分	1		
10	作业场地恢复（3分）	☐ 未拆卸车外三件套的扣0.5分	1		
		☐ 未拆卸车内三件套扣0.5分	1		
		☐ 未将钥匙交由教师保管扣0.5分	1		
11	课后提升（5分）	☐ 课后未参与车辆养护、清洗服务扣3分	3		
		☐ 未自主学习相关任务知识扣1分	1		
		☐ 未及时对本任务学习过程中存在的问题进行反思、改进扣1分	1		
12	安全事故	☐ 损伤、损毁车辆、设备或造成人身伤亡的，视情节扣2~20分；特别严重的安全事故不得分			
	合计		40		

2. 小组作业中是否存在问题？如果有问题，如何成功解决该问题？

3. 请对个人在本次工作任务中的表现进行总结与反思。

【课堂笔记】

模块二
不带电环境下的高压系统工作

【模块工作情境】

新能源汽车专业维修人员在工作中常常会接触汽车的高压系统和相关部件，从业人员需要掌握高压电的危害和触电急救操作，具备高压安全防护常识。接触新能源汽车高压系统的从业人员需学习新能源汽车高压系统的基本知识，在不上电的环境下，规范、安全地操作汽车高压系统。党的二十大报告提出："加快建设国家战略人才力量，努力培养造就更多大师、战略科学家、一流科技领军人才和创新团队、青年科技人才、卓越工程师、大国工匠、高技能人才。"作为一名新能源汽车维修人员，应将精益求精、追求卓越的工匠精神落实到日常检修工作中，争做行业所需、堪当大任的能工巧匠、大国工匠。

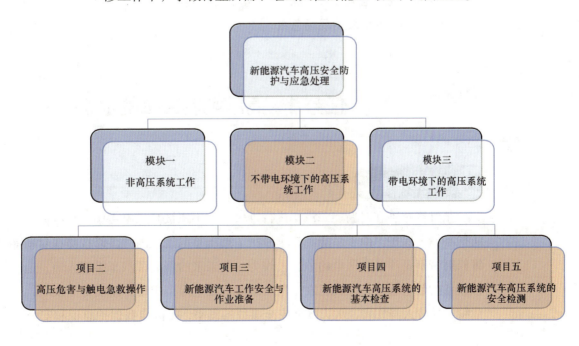

项目二
高压危害与触电急救操作

【工作情境】

王新是新能源汽车维修站的一名学徒工,经过前期的基础培训,已经掌握了新能源汽车的驾驶、充电和日常养护等非高压部件的安全操作技能。接下来,王新将在维修技师的引领下,学习高压电流带来的危害及相应的现场急救措施。

【学习目标】

1)通过体验人体模拟触电体验仪,能够描述高压故障电流对人体造成的危害程度。

2)能够在保护自身的前提下,按照急救要求,使触电者迅速脱离电源,并根据触电者的受伤程度,规范地使用心肺复苏法完成急救。

【工作任务】

任务1　高压电流带来的危害
任务2　触电事故的现场急救

任务1　高压电流带来的危害

【任务描述】

某维修技师在对新能源汽车进行维修时,不慎被高压电击中,事故原因是没有做绝缘防护和断电保护。由于新能源汽车使用了高压蓄电池,因此维修技师在对新能源汽车进行维修时特别要注意高压电的危害。作为一名未来的新能源汽车维修人员,通过体验安全模拟设备的触电感受,在真正发生危险或者身处危险当中时,就能尽早发现,从而尽快脱离危险,减少人身伤害,大大降低安全事故的概率,提高自我保护意识和安全第一意识。

【任务目标】

1. 发展能力

1) 阐述安全电压与安全电流的含义。

2) 总结高压电流对人体造成的危害。

3) 描述不同大小的电流给人体造成伤害的程度。

2. 操作能力

1) 通过体验人体模拟触电体验仪,能够描述高压电流对人体造成的危害程度。

2) 能够以小组合作的形式,就事故判断其所属触电种类及方式。

3. 社会能力

1) 通过体验人体模拟触电体验仪描述电流对人体造成的危害,提升学生的语言组织及表达能力。

2) 通过小组合作,培养学生的团队合作意识。

3) 通过认识触电事故的危害,树立安全第一意识。

扫一扫

高压电对人体的伤害

【任务书】

_____是一名新能源汽车维修学员,新能源汽车维修工班_____组接到了学习高压危害的任务,班长根据作业任务对班组人员进行了合理分工,同时强调了认识高压危害的重要性。_____接到任务后,按照操作注意事项和操作要点进行体验高压危害的学习。

【任务分组】

班级		组号		指导教师	
组长		学号			
小组成员	姓名	学号	角色分工		
			监护人员		
			操作人员		
			记录人员		
			评分人员		

【获取信息】

一、电压等级与安全电压

电压等级(Voltage Class)是电力系统及电力设备的额定电压级别系列。额定电压是电力系统及电力设备规定的正常电压,即与电力系统及电力设备某些运行特性有关的标称电压。电力系统各点的实际运行电压允许在一定程度上偏离其额定电压,在这一允许偏离范围内，各种电力设备及电力系统本身仍然能正常运行。

目前，我国将电压等级划分为以下几种：

不危及人身安全的电压称为人体安全电压，通常为36V以下。我国规定安全电压为42V、36V、24V、12V和6V。

低压指对地电压为1000V及以下。交流系统中的220V三相四线制的380V/220V中性点接地系统均属低压。

高压指1000V以上的电力输变电电压，或380V以上的配用电电压。

超高压为330~750kV。

特高压为1000kV交流、±800kV直流以上。

进行危险电压组件方面的工作时，必须遵守安全规定。国际标准给出了强制性安全规定，危险电压是25V以上的_____和60V以上的_____。新能源汽车的电压一般在300~650V间，虽然按照国家标准进行划分应该属于低压范围，但是为和传统内燃机车辆12V电源进行区别，通常称其为_____。

二、电流与人体安全电流

通常当人体接触到高电压时，就有可能会发生触电事故。人体的触电并不是指人体接触到了很高的电压，而是因为过高的电压通过人体这个电阻后，会在人体中形成电流，从而导致人体触电。因此伤害人体的不是_____，而是_____。

1. 电流分类

电流可以分为_____和_____。

（1）直流电流　大小和方向都不随时间变化的电流称为直流电流（DC），用 I 表示，如图2-1所示。

直流电流一般被广泛应用于手电筒（干电池）、手机（锂电池）等各类生活小电器。干电池（1.5V）、锂电池、蓄电池等被称之为直流电源。因为这些电源电压都不会超过24V，所以属于_____。

（2）交流电流　大小和方向都随时间变化的电流称为交流电流（AC），用 i 表示，如图2-2所示。

图2-1　直流电流

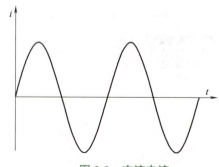

图2-2　交流电流

交流电流广泛应用于电力传输和零线、相线等，生活民用电压为220V、通用工业电压为380V，都属于_____。交流电流有频率，由于其符合正弦函数的数学特点，因此通常使用一个正弦波来表示一个循环，一个循环就是形成完整波形的过程。使用频率来计量交流电流每秒的循环次数，其单位为赫兹（Hz）。通常电网接入供电交流电流频率为50Hz或60Hz，电压为110V和220V。交流电流在中国以220V和50Hz接入送电。

2. 人体安全电流

为了保证电气线路的安全运行，所有电路的导线和电缆的截面都必须满足发热条件，即在任何环境温度下，当导线和电缆连续通过最大负载电流时，其线路温度都不大于最高允许温度（通常为70℃左右），这时的负载电流称为_____。导线和电缆的安全电流是由它们的种类、规格、环境温度和敷设方式等决定的。

由于人个体的差异性，人体的电阻也会存在差异，如图2-3所示。

例如，男、女、胖、瘦，其电阻值都不会一样；另一方面，人所处的工作环境干度和湿度的变化，也会导致人体的电阻值发生变化，所以当电流通过人体时，电流通过的时间有长有短，因而有着不同的后果。这种后果和通过人体电流的大小有关系，但是要确实说出通过人体的电流有多少，才能发生生命危险是困难的。一般人体通过电流后，人体对电流的反应情况如下：

当人体通过0.6~1.5mA的电流时，手指开始感觉发麻，无感觉。

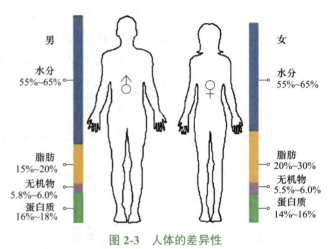

图2-3 人体的差异性

当人体通过2~3mA的电流时，手指感受到强烈发麻，无感觉。

当人体通过5~7mA的电流时，手指肌肉感觉痉挛，手指感灼热和刺痛。

当人体通过8~10mA的电流时，手指关节与手掌感觉痛，手已难以脱离电源，但尚能摆脱电源，灼热感增加。

当人体通过20~25mA的电流时，手指感觉剧痛，迅速麻痹，不能摆脱电源，呼吸困难灼热更增，手的肌肉开始痉挛。

当人体通过50~80mA的电流时，呼吸麻痹，心房开始震颤、强烈灼痛，手的肌肉痉挛，呼吸困难。

当人体通过90~100mA的电流时，呼吸麻痹，持续3s后或更长时间后，心脏停搏或心房停止跳动。

可以看出，当人体通过0.6mA的电流时会引起人体麻刺的感觉，通常成年男性能感觉到的最小电流为1.1mA，成年女性为0.7mA；人体能自主摆脱电源的最大电流，成年男性在9~16mA，成年女性在6~10.5mA；人体较短时间内通过大于50mA的电流就有生命危险；通过100mA以上的电流，就能引起心脏停搏、心房停止跳动，直至死亡。

> **温馨提示：**
>
> 呼吸停止和心室颤动时人体的供血和供氧中断，这会带来生命危险。在这种情况下必须立即采取急救措施。

三、电流对人体的伤害

1. 触电机理

人体是导体，人体产生触电的前提是人体与所触电源之间形成了回路，有电流流经人体后才导致触电。

不同等级的电流对人体的伤害不一样，身体导电的主要原因是血液含有电解液成分，电解成分导致了导电性。人体内电流经过不同路径的电阻值如图2-4所示。

对于大多数人，整个身体的总电阻值是很低的，特别是有主动脉的地方，而最大的危险发生在电流通过_____。

人体电阻值约为1~1.5kΩ，但是电阻值在有些情况下也可能降为零，例如皮肤潮湿或者破损时，电阻值会明显下降。

例如，当360V直流电压流经人体时，如图2-5所示，根据欧姆定律粗略计算出通过人体的电流：

人体电流 = _____

可以发现，在心脏的滞留时间达到10~15ms就会致命。

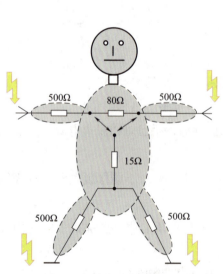

图2-4 人体内电流经过不同路径的电阻值

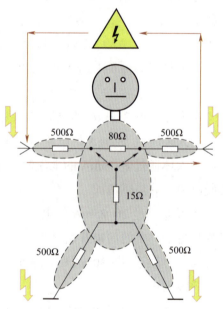

图2-5 360V直流电压流经人体

> **知识拓展：**
>
> 　　人体电阻的大小取决于衣服、皮肤湿度、电流流经体内路径的长度和类型等因素。有电流流过的身体部位处衣服越厚、越干，电阻值越大。如果皮肤上有水或雪，那么身体的电阻值会降低。如果身体内电流经过的路径较短，那么电阻值比电流流过较长路径时小。表2-1所示为人体电阻值的近似值，这些数值可能受上述因素影响。

> 想一想：
>
> 电流强度仅取决于施加在身体上的电压和电阻：$I=U/R$。请算一算 360V 电压下的电流值是多少，并填于表 2-1 中。
>
> 表 2-1　人体电阻值
>
> | 测试途径 | 阻值/Ω | 360V 电压下的电流 |
> | --- | --- | --- |
> | 手 - 手 | 1000 | |
> | 手 - 脚 | 750 | |
> | 双手 - 脚 | 500 | |
> | 手 - 胸 | 450 | |
> | 双手 - 胸 | 230 | |
> | 双手 - 脚底 | 300 | |

2. 触电的表现

触电的两种表现形式：_____ 和 _____。

（1）电击　电击指电流通过人体，破坏人的心脏、神经系统的正常功能。通常触电产生最多的伤害是电击事故。发生电击必须满足两个条件：有一个 _____，电流才通过身体；一个 _____。

电击的主要类型包括以下两种。

1）电击效应。电流低于导通极限值时，会有相应的电击效应，从而容易因肢体不受控制和失去平衡而导致受伤，如图 2-6 所示。

2）肌肉刺激效应。所有的身体功能和人体肌肉运动都是由大脑通过神经系统的电刺激来控制的。如果通过人体的电流过高，则大脑无法控制肌肉组织。例如，握紧的拳头无法打开或者移动。如果电流流过胸腔，会使心脏的跳动中断。

（2）电伤　电伤指电流的热效应、化学效应等对人体的伤害，主要指电弧烧伤，如图 2-7 所示。

图 2-6　电击效应伤害

图 2-7　电伤

1）热效应。电流流经人体肌肤处会发生烧伤和焦化；也会发生内部烧伤，会造成致命的伤害，如图2-8所示。

2）发生静态短路的热效应。由于电缆短路引起火花，金属很快熔化，产生飞溅的金属颗粒，而飞溅出来的金属颗粒温度超过5000℃，可能引起火灾和人体烧伤，如图2-9所示。

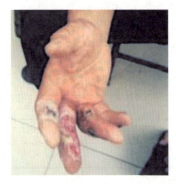
图2-8　类似电击产生的热效应形式

图2-9　电缆短路引起的火花

3）化学效应。电流会将血液和细胞液作为电解液电解，因此伤害极大，如图2-10所示。

4）光辐射效应。带电高压电路接通和断开时会产生弧光，弧光的光辐射可能造成操作人员出现电光性眼炎，如图2-11所示。

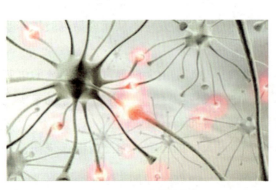
图2-10　细胞液电解

图2-11　电焊时产生的弧光

温馨提示：

在维修车间内面对电弧工作时，必须注意以下事项：
➢ 通过指定的装备（例如高电压安全插头）关闭电源。
➢ 远离电弧且不要直视电弧。
➢ 如果必须靠近电弧，则按焊接工作规定使用防护装备。

3. 触电的方式

按照人体触及带电体的方式和电流流过人体的途径，电击可分为＿＿＿＿＿＿、＿＿＿＿＿＿和＿＿＿＿＿＿。

（1）单相触电　单相触电指在地面上或其他接地导体上，人体某一部位触及一相带电体的触电事故，如图2-12所示。对于高电压，人体虽然没有触及，但因超过了安全距离，高电压对人体产生电弧放电，也属于单相触电。

（2）两相触电　人体的不同部位分别接触到同一电源的两根不同相位的相线，电流从一根相线经人体流到另一根相线的触电现象，如图2-13所示。

图 2-12 单相触电

图 2-13 两相触电

（3）跨步电压触电　当电网或电气设备发生接地故障时，流入地中的电流在土壤中形成电位，地表面也形成以接地点为圆心的径向电位差。当人在距离高压导线落地点 10m 内行走时，电流沿着人的下身，从一只脚到腿、胯部又到另一只脚与大地形成通路，前、后两脚间（一般按 0.8m 计算）电位差达到危险电压而造成触电时，称为跨步电压触电，如图 2-14 所示。人走到离接地点越近，跨步电压越高，危险性越大。一般在距接地点大于 20m 时，可以认为地电位为零。

4. 模拟触电仪

模拟触电仪是一款安全体验设备，可以模拟触电的情况。通过模拟触电仪能够真实地体验到触电瞬间的感觉，从而避免人员意外触电和加强人员安全意识的培养，如图 2-15 所示。

图 2-14 跨步电压触电

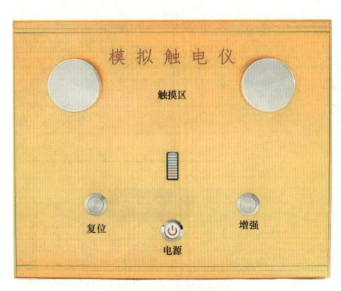
图 2-15 模拟触电仪

其具体操作流程如下：
1）将系统模式从关闭状态开启至接通状态。
2）接通电源，让系统开始供电，电源指示灯亮。
3）按照任务要求选择需要体验的电压强度和电流强度。
4）双手放置于触摸区域，感受电流通过人体瞬间的感觉。

5）体验完成后单击复位按钮，让设备处于待机状态，准备下次体验；关闭电源，将系统模式从开启状态切换至关闭状态，准备下次使用。

【任务计划】

一、检查模拟触电仪基本内容

1）确认不同大小的电流给人体的感受。
2）检查模拟触电仪的外观、档位、电量。

二、制订使用模拟触电仪基本流程

在教师的指导下，查阅相关资料，小组讨论并制订使用模拟触电仪的基本流程。

步骤	作业内容

温馨提示

1）进入实训车间应穿着工作服，不可佩戴手表、钥匙等金属配饰。
2）使用设备前，应先检查地点，不允许有爆炸危险的介质，周围介质中不应含有腐蚀金属和破坏绝缘的气体及导电介质，不允许充满水蒸气及有严重的霉菌存在。
3）模拟触电仪充电时，请勿使用。
4）患有严重心脏疾病者、心脏起搏器佩戴者，不建议体验触电活动。

【任务决策】

各小组选派代表阐述任务计划，小组间相互讨论、提出不同的看法，教师总结点评，完善方案。

【任务实施】

在教师的指导下完成分组，小组成员合理分工，完成高压故障电流带来的危害任务。

"高压故障电流带来的危害"任务实施表

班级		姓名	
小组成员		组长	
操作员		监护员	
记录员		评分员	

任务实施流程

序号	作业内容	作业具体内容	结果记录
1	作业准备	检查场地周围环境对设备的影响	□是 □否
		检查着装及配饰	□是 □否
2	检查人体模拟触电仪	检查外观	□是 □否
		检查电量	□是 □否
		检查开关	□是 □否
3	人体模拟触电	模拟触电仪正确打开	□是 □否
		根据要求选择电流及电压强度	□是 □否
		双手同时放置在触摸区域	□是 □否
		说出体验感受	□是 □否
		模拟触电仪复位	□是 □否
4	作业场地恢复	关闭仪器电源，将系统模式从开启状态切换至关闭状态	□是 □否
		清洁、整理场地	□是 □否

【质量检查】

一、小组自检

各小组根据任务实施的记录结果，对本小组的作业内容进行再次确认。

序号	检查项目	检查结果
1	作业前规范地做好场地准备	□是 □否
2	作业前规范地检查、准备人体模拟触电仪	□是 □否
3	正确使用人体模拟触电仪	□是 □否
4	说出体验电流各档位时的感受	□是 □否
5	按照 7S 管理规范恢复仪器及场地	□是 □否

二、教师检查

教师根据各小组作业完成情况进行质量检查，选择优秀小组成员进行作业情况汇报，针对作业过程中出现的问题提出改进措施与建议。

作业问题及改进措施：

_____

_____

_____

_____

【课后提升】

以小组为单位查阅资料，了解因高压电流造成的事故，分析事故造成的原因，总结避免事故发生应注意的事项，提高自身安全意识。

【评价反馈】

小组内合理分工，交换操作员、监护员、记录员、评分员角色，完成作业任务后，结合个人、小组在课堂中的实际表现进行总结与反思。

1. 请小组成员完成本次工作任务评分。

"高压故障电流带来的危害"作业评分表

序号	作业内容	评分要点	配分	得分	判罚依据
1	作业准备（4分）	□ 未着工装，扣2分	2		
		□ 佩戴金属配饰，扣2分	2		
2	检查人体模拟触电仪（6分）	□ 未检查外观，扣2分	2		
		□ 未检查电量，扣2分	2		
		□ 未检查开关，扣2分	2		
3	人体模拟触电（14分）	□ 未按正确流程打开模拟触电仪，扣2分	2		
		□ 未按要求选择电流及电压强度，扣4分	4		
		□ 未将双手同时放置触摸区域，扣2分	2		
		□ 未准确说出体验的感受，扣4分	4		
		□ 未将模拟触电仪复位，扣2分	2		
4	作业场地恢复（6分）	□ 未关闭仪器电源，扣1分	1		
		□ 未将模拟触电仪切换至关闭状态，扣3分	3		
		□ 未清洁、整理场地，扣2分	2		
5	安全事故	□ 损伤、损毁设备或造成人身伤亡视情节扣5~10分，特别严重的安全事故不得分			
		合计	30		

2. 小组作业中是否存在问题？如果有问题，如何成功解决该问题？

3. 请对个人在本次工作任务中的表现进行总结与反思。

【课堂笔记】

任务 2　触电事故的现场急救

【任务描述】

在上一学习任务中，认识了高压电流带来的危害，如果维修人员未按规范流程安全操作，可能会发生高压触电事故。作为一名未来的新能源汽车维修人员，你必须掌握触电事故的现场急救常识，能够在救护车到来前规范地利用心肺复苏法对触电者进行抢救，避免触电者因救治不及时受到更大的伤害，这也是从事新能源汽车行业必备的技能。

【任务目标】

1. 发展能力

1）能够总结对高压触电者实施救援的基本流程。

2）能够在触电伤员丧失意识时，判定其呼吸心跳情况。

3）能够说出心肺复苏法的操作步骤及要点。

2. 操作能力

1）能够在保护自身的前提下，按照急救要求使触电者迅速脱离电源。

2）能够在 10s 内，用看、听、试的方法查明触电者是否有呼吸心跳，判明其是否处于"假死"状态，并确定"假死"类型。

3）能够根据触电者的受伤程度，规范地使用心肺复苏法完成急救。

3. 社会能力

1）在模拟急救时，通过说出心肺复苏法的操作步骤及要点，提升学生的语言表达能力。

2）通过小组合作，合理分工共同完成急救任务，培养学生的团队合作意识。

3）通过模拟急救，发扬救死扶伤精神，培养学生争分夺秒的抢救意识。

【任务书】

　　　　　　　是一名新能源汽车维修学员，新能源汽车维修工班　　　　　　　组接到了学习触电急救的任务，班长根据作业任务对班组人员进行了合理分工，同时强调了触电急救的重要性。　　　　　　　接到任务后，按照操作注意事项和操作要点进行触电急救操作的学习。

【任务分组】

班级		组号		指导教师	
组长		学号			
小组成员	姓名	学号	角色分工		
			监护人员		
			操作人员		
			记录人员		
			评分人员		

【获取信息】

一、触电急救建议流程

当发生触电事故时，一定要保持冷静，按照急救步骤开展紧急救助，才能防止救助者触电、保证触电者从事故中获救。触电急救建议流程如图 2-16 所示。

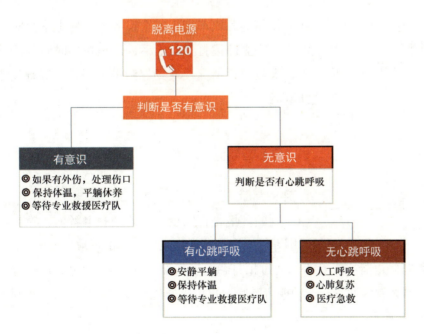

图 2-16 触电急救建议流程

扫一扫

触电急救流程

二、脱离电源

触电急救时，首先使触电者迅速脱离电源，切断事故回路，断开电路开关、拔出插头。需要施救者绝缘（干木板等）、禁止触碰、并通过绝缘物体（如干木板）使触电者与带电物体分离。

脱离低压电源的方法可用"拉""切""挑""拽""垫"5个字来概括。

_____，就近拉下开关或拔掉电源插头；_____，使用绝缘钳剪断导线；_____，导线搭落在触电者身上时，用绝缘工具或木棍等将导线挑开；_____，戴上手套或包缠干燥的衣服等绝缘物品拖拽触电者；_____，救护人员站在绝缘垫上或干木板上，用一只手把触电者拉离电源。如果触电者由于痉挛导致手指紧握导线或导线缠绕在身上，救护人员可先用干燥木板塞进触电者身下使其与地绝缘来隔断电源，然后采取其他办法把电源切断，如图2-17所示。

拉　　　　　切　　　　　挑　　　　　拽　　　　　垫

图 2-17　脱离电源的方法

在新能源汽车上，可通过断开高压维修开关、断开12V供电（如断开12V辅助蓄电池负极）、拔下熔丝（如果存在）等方式断开电源电路。

> **温馨提示：**
>
> 救助时，自我保护具有最高优先等级。救助他人时，不应为断开事故电路而直接抓住触电者，必须借助专门预留的装置关闭电源。

三、拨打急救电话

在操作新能源汽车高压安全设备发生触电事故时，在切断高压电源后，应立即拨打急救电话，以最短的时间说清楚事故发生的地点、人员伤亡情况及现场控制情况等，并等待其他问题，切勿挂断电话。

> **温馨提示：**
>
> 每位新能源汽车维修人员必须熟记我国的医疗急救电话号码120。拨打急救电话号码免费但不可随意拨打。

四、现场紧急救助

1. 评估判断

（1）判断环境是否安全　在处理触电者前，施救者必须首先确保周围环境安全，然后检查触电者的反应。

（2）判断触电者有无意识　通过拍打触电者肩部并呼叫："你怎么样啦？"如果触电者有反应，那么就会回答、活动或者呻吟；也可以通过检查颈动脉有无搏动判断触电者情形，如图2-18所示。

根据触电者意识、呼吸与心跳情况，可分为以下4种情形：

1）触电者已失去知觉，但呼吸和心跳正常。

2）触电者心跳停止，但尚能呼吸。

3）触电者呼吸停止，但心跳尚存在（脉搏很弱）。

4)触电者呼吸和心跳均已停止。

其中,第 1 种情形应采取的急救措施如下:

☆ 使触电者合适地平卧着,解开衣服,以利呼吸。

☆ 保持空气流通,冷天应注意保暖。

☆ 可以压触电者的"人中"穴。

☆ 医护人员未到现场之前若发现触电者呼吸困难或心跳失常,应立即施行人工呼吸或胸外按压。

图 2-18 判断意识

后 3 种情形为触电者呈现的"假死"现象。"假死"症状的判断方法是看、听、试,如图 2-19 所示。

_____是用眼观察触电者的胸部有无起伏和呼吸动作。

_____是用耳贴近触电者的口鼻处,听有无呼吸声音。

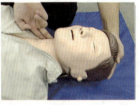

图 2-19 判断假死的方法

_____是用手试口鼻有无呼吸的气流,用两手指轻压颈动脉感觉有无搏动。

如果"看""听""试"的结果是无呼吸又无颈动脉搏动,则可判定触电者呼吸和心跳均停止。

若触电者心跳停止,但尚能呼吸,需实施_____;若呼吸停止,但心跳尚存,需进行_____;若触电者呼吸、心跳不正常,应立即实施_____就地抢救。

2. 心肺复苏法

心肺复苏法的 3 项基本措施是_____、_____和_____。

(1)胸部按压 正确的按压位置是保证胸外按压效果的重要前提,正确的按压姿势是达到胸外按压效果的基本保证。

1)按压体位。呼救同时,迅速将触电者在地面摆成仰卧位,头侧放;解开触电者衣领、拉链;保持身体平直、无扭曲;跪于触电者右侧,开始救护。

2)按压部位。胸骨下 1/3 交界处;_____与前正中线交界处。

3)按压深度。胸骨下陷至少_____cm,但不超过_____cm。

4)按压频率。至少_____次 /min,按压与放松的时间各占_____。

5)按压姿势。采用跪姿,双膝与触电者肩部平齐,双臂绷直、与胸部垂直,不得弯曲,连续、有节律按压_____次。

6)按压手法。施救者一只手的掌根放在触电者胸部的中央,另一只手的掌根放在第一只手上面,使两手平行重叠,具体操作如图 2-20 所示。

【操作口诀】 当胸一手掌,中指对凹膛,掌根用力向下压,压下突然收。

(2)通畅气道 防止触电者呼吸停止,重要的措施是始终确保气道畅通,使用_____开放气道,如图 2-21 所示。

1)清理口腔。清除呼吸道杂物,如假牙、呕吐物、血液等。

2)通畅气道。触电者平卧在平地或硬板上,采用仰头抬颔法使触电者口腔与咽喉成直线。施救者站在触电者的右侧，左手放在触电者的前额，用力将头部下压，右手置于触电者下颌骨下缘将颈部向上、向前抬起，可以起到通畅呼吸道的作用。

> **思考：**
> 为什么按压频率至少为 100 次 /min，而不是大约 100 次 /min？

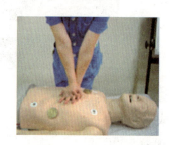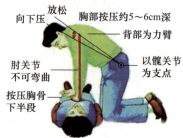

图 2-20　胸部按压

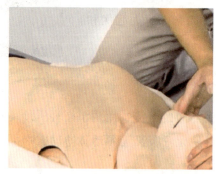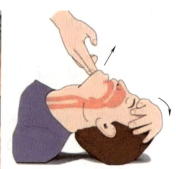

图 2-21　通畅气道

（3）人工呼吸　在保持触电者气道通畅的同时，救护人员应对其进行人工呼吸。人工呼吸包括_____和_____两种，其中后一种方法适应于牙关紧闭情况。

口对口人工呼吸方法：开放气道→捏鼻子→口对口→"正常"吸气→缓慢吹气（1s 以上），胸廓明显抬起，8~10 次 /min →松口、松鼻→气体呼出，胸廓回落，如图 2-22 所示。

注意：

1）每次送气 400~600mL，避免过度通气。

2）送气频率 10~12 次 /min。

3）按压通气比率（心脏按压∶人工呼吸）为 30∶2，依次做 5 个循环，然后判断复苏是否有效。

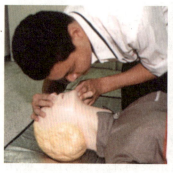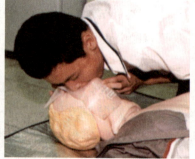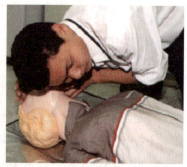

图 2-22　人工呼吸

【操作口诀】　清理口腔防堵塞，鼻孔朝天头后仰，贴嘴吹气胸扩张，放开口鼻换气畅。

知识拓展：

动力蓄电池事故的急救措施

☆ 如果发生了皮肤接触，用大量的清水进行冲洗。
☆ 如果吸入了气体，必须马上呼吸大量新鲜空气。
☆ 如果接触到了眼睛，用大量的清水进行冲洗（至少10min）。
☆ 如果吞咽了蓄电池内容物，喝大量清水，并且避免呕吐。
☆ 寻求医疗救助。

【任务计划】

一、模拟触电急救前期准备

1）检查心肺复苏模拟人外观，有无破损、漏气情况。
2）检查设备电量是否充足。

二、制订触电急救基本操作流程

在教师的指导下，查阅相关资料，小组讨论并制订触电急救基本操作流程。

步骤	作业内容

【任务决策】

各小组选派代表阐述任务计划，小组间相互讨论、提出不同的看法，教师总结点评，完善方案。

【任务实施】

在教师的指导下完成分组，小组成员合理分工，完成触电事故的现场急救任务。

温馨提示：

1）进入实训车间应穿着工作服，不可佩戴尖锐配饰，以免划伤模拟人导致漏气。
2）在抢救作业前，应先检查周边环境是否安全且通风良好。
3）在抢救过程中，要每隔数分钟判定1次，每次判定时间均不得超过5~7s，在未抢救成功或教师未喊停前，现场抢救人员不得放弃现场抢救。

"触电事故的现场急救"任务实施表

班级		姓名	
小组成员		组长	
操作员		监护员	
记录员		评分员	

任务实施流程			
序号	作业内容	作业具体内容	结果记录
1	作业准备	检查作业环境通风情况	□是 □否
		检查着装及配饰	□是 □否
		检查心肺复苏模拟设备外观	□是 □否
		检查心肺复苏模拟设备电量	□是 □否
2	脱离电源	检查触电者所处环境	□是 □否
		科学、合理、正确地脱离电源	□是 □否
		快速切断电源,防止事故扩大	□是 □否
3	拨打急救电话	成功模拟拨出急救电话	□是 □否
		清晰、准确地说出事故发生的地点	□是 □否
		简单描述发生了什么	□是 □否
		准确说出人员受伤情况	□是 □否
4	现场紧急救助	确定现场环境安全	□是 □否
		确定现场环境通风良好	□是 □否
		呼叫触电者姓名或轻拍其肩膀判断有无意识	□是 □否
		用手摸触电者颈动脉判断有无心跳、脉搏	□是 □否
		用耳朵听判断触电者是否有呼吸	□是 □否
		观察触电者瞳孔有无放大情况	□是 □否
		请示对触电者利用心肺复苏法实施救护	□是 □否
		迅速将触电者摆成仰卧位	□是 □否
		解开触电者衣领、领带以及拉链	□是 □否
		翻身时整体转动,保护触电者颈部	□是 □否
		保持触电者身体平直、无扭曲	□是 □否
		施救者跪于触电者右侧	□是 □否
		清除触电者呼吸道杂物	□是 □否
		采用仰头抬颌法使触电者口腔与咽喉成直线	□是 □否
		根据人工呼吸流程规范操作	□是 □否
		按压部位在触电者双乳头与前正中线交界处	□是 □否
		按压深度胸骨下陷5~6cm	□是 □否
		按压频率至少100次/min	□是 □否
		按压姿势采用跪姿,双膝与触电者肩部平齐	□是 □否
		两手平行重叠,垂直按压	□是 □否
		在规定的时间内抢救成功	□是 □否
5	作业场地恢复	心肺复苏模拟设备恢复原始状态	□是 □否
		清洁、整理场地	□是 □否

 【质量检查】

一、小组自检

各小组根据任务实施的记录结果，对本小组的作业内容进行再次确认。

序号	检查项目	检查结果	
1	作业前规范地做好准备工作	□ 是	□ 否
2	采用科学、合理、正确的措施使触电者脱离电源	□ 是	□ 否
3	拨打急救电话时能以最短的时间说清楚事故情况	□ 是	□ 否
4	正确实施现场紧急救助	□ 是	□ 否
5	按照 7S 管理规范恢复车辆及场地	□ 是	□ 否

二、教师检查

教师根据各小组作业完成情况进行质量检查，选择优秀小组成员进行作业情况汇报，针对作业过程中出现的问题提出改进措施与建议。

作业问题及改进措施：

_____
_____
_____
_____
_____
_____

【课后提升】

现场急救的关键在于"及时"，大量实践表明，2min 内进行急救，成功率达 70%；4min 进行复苏者，可能 50% 存活；4~6min 开始进行复苏者，10% 的可以救活；超过 6min 者，存活率仅为 4%；10min 以上复苏者，存活可能性很小。因此，对触电者进行现场急救关系到其生命的安危和健康的恢复，是新能源汽车维修人员必须掌握的一项技能。请根据所学内容，将急救流程及操作要点绘制成思维导图。

【评价反馈】

小组内合理分工，交换操作员、监护员、记录员、评分员角色，完成作业任务后，结合个人、小组在课堂中的实际表现进行总结与反思。

1. 请小组成员完成本次工作任务评分。

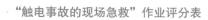

"触电事故的现场急救"作业评分表

序号	作业内容	评分要点	配分	得分	判罚依据
1	作业准备（7分）	☐ 未检查作业环境通风情况扣1分	1		
		☐ 未着工装扣2分	2		
		☐ 佩戴尖锐配饰扣2分	2		
		☐ 未检查心肺复苏模拟设备外观扣1分	1		
		☐ 未检查心肺复苏模拟设备电量扣1分	1		
2	脱离电源（5分）	☐ 未检查触电者所处环境扣2分	2		
		☐ 脱离电源的方法不科学扣3分	3		
3	拨打急救电话（6分）	☐ 模拟拨出的急救电话不正确扣2分	2		
		☐ 未清晰准确说出事故发生的地点扣2分	2		
		☐ 未简单描述触电者情况扣2分	2		
4	现场紧急救助（50分）	☐ 未确定现场是否环境安全扣1分	1		
		☐ 现场环境通风不良扣1分	1		
		☐ 未呼叫触电者姓名或轻拍其肩膀判断其有无意识扣2分	2		
		☐ 未用手摸触电者颈动脉判断有无心跳、脉搏扣2分	2		
		☐ 未用耳朵判断触电者是否有呼吸扣2分	2		
		☐ 未观察触电者瞳孔有无放大情况扣2分	2		
		☐ 未请示对触电者利用心肺复苏法实施救护扣1分	1		
		☐ 未迅速将触电者摆成仰卧位扣2分	2		
		☐ 未解开触电者衣领、拉链扣1分	1		
		☐ 翻身时未保护触电者颈部扣1分	1		
		☐ 保持触电者身体扭曲扣2分	2		
		☐ 施救者未跪于触电者右侧扣2分	2		
		☐ 未清除触电者呼吸道杂物扣2分	2		
		☐ 未使触电者口腔与咽喉成直线扣2分	2		
		☐ 未根据人工呼吸流程规范操作扣2分	2		
		☐ 按压部位未在触电者双乳头与前正中线交界处扣2分	2		
		☐ 按压深度未达5~6cm扣2分	2		
		☐ 按压频率未大于100次/min扣2分	2		
		☐ 按压姿势未采用跪姿、双膝未与病人肩部平齐扣2分	2		
		☐ 两手未平行重叠扣1分，未垂直按压扣1分	2		
		☐ 规定时间内，呼吸和按压错误1次扣1分，扣完为止	15		
5	作业场地恢复（2分）	☐ 未将心肺复苏模拟设备恢复原始状态扣1分	1		
		☐ 未清洁场地扣1分	1		
6	安全事故	☐ 损伤、损毁车辆、设备或造成人身伤亡的视情节扣10~50分；特别严重的安全事故不得分			
	合计		70		

2. 小组作业中是否存在问题？如果有问题，如何成功解决该问题？

3. 请对个人在本次工作任务中的表现进行总结与反思。

【课堂笔记】

项目三
新能源汽车工作安全与作业准备

【工作情境】

王新是新能源汽车服务站的一名学徒工,经过前期的基本培训,已经认识了高压电的危害,并掌握了高压触电的急救操作方法。接下来,王新将在维修技师的引领下学习避免高压触电的相关安全防护操作,做好新能源汽车的工作安全与作业准备。

【学习目标】

1)能正确检查个人和车间高压安全防护用具,规范穿戴个人防护用具。
2)能识别新能源汽车常用高压维修工具及其在车辆维修中的用途,并正确使用。
3)能规范使用新能源汽车诊断仪读取故障码、数据流并记录。
4)能规范完成新能源汽车高压断电操作。

【工作任务】

任务1 高压安全防护用具的认识和使用
任务2 新能源汽车常用高压维修工具的认识与使用
任务3 新能源汽车诊断仪的认识与使用
任务4 新能源汽车高压断电标准操作

任务1 高压安全防护用具的认识和使用

【任务描述】

新能源汽车动力系统工作电压高达几百伏,当对新能源汽车高压电气部件进行维修时,需要采取安全防护措施。作为新能源汽车维修人员,你应该在高压作业前,在监

模块二　不带电环境下的高压系统工作

护人员的监护下，规范地穿戴并检查高压安全防护用具，这是必备的专业技能和职业素养。

【任务目标】

1. 发展能力

1）能够识别车间和个人高压安全防护用具。

2）能够描述车间和个人高压安全防护用具的用途。

3）能够总结高压安全防护用具的检查方法。

4）能够总结眼睛清洗的方法。

2. 操作能力

1）能够在高压作业前正确检查车间高压安全防护用具布置是否完善。

2）能够在高压作业前正确检查和穿戴个人安全防护用具，并检验其耐压等级是否大于所作业车辆的最高电压。

3）能够确认眼睛清洗站的标识物及使用方法。

4）能够在检查安全防护用具过程中动作规范，唱报清楚。

3. 社会能力

1）检查、穿戴个人防护用具中唱报清楚，培养学生的语言表达能力。

2）在防护用具中设置故障点，培养学生严谨细致的职业素养。

【任务书】

_____是一名新能源汽车维修学员，新能源汽车维修工班_____组接到了高压安全防护用具的认识和使用的任务，班长根据作业任务对班组人员进行了合理分工，同时强调了高压安全防护用具的重要性。_____接到任务后，按照操作注意事项和操作要点开始认识和使用高压安全防护用具。

【任务分组】

班级		组号		指导教师	
组长		学号			
小组成员	姓名	学号	角色分工		
			监护人员		
			操作人员		
			记录人员		
			评分人员		

57

一、高压维修人员要求

高压电气部件的维护和检修作业必须同时由两名持证上岗人员进行，其中一名为_____，另外一名为_____，监护人员负责监督工作全过程。

图 3-1 特种作业操作证

扫一扫

高压监护人员基本要求

1. 操作人员要求

1）必须持证上岗，具备国家安监局颁发的"特种作业操作证（低压电工证）"，如图 3-1 所示。

2）必须经过培训并通过考核。

2. 监护人员要求

监护人员的安全技术等级应高于操作人员，同操作人员一样必须持证上岗。其监护内容如下：

1）监督工、量具设备的检查，劳保用品等是否符合要求。

2）监护工作人员的工作范围，使其与带电设备、高压部件等保持安全距离。

3）监护操作人员的工具使用是否正确、工作位置是否安全、操作方法是否正确等。

4）监护人员发现操作员有不正确的动作或违反规程的做法时，及时提出纠正，必要时可停止其工作，并向上级报告。

5）监护人员因故离开工作现场时，必须指派专业人员接替监护并告知操作人员，使监护工作不致间断。

6）当发生触电事故时，监护人员立即采取有效措施执行急救。

扫一扫

新能源汽车高压安全防护用具认知和使用

二、车间安全防护用具检查

为保证高压操作安全，新能源汽车维修车间必须布置隔离带、安全警示牌、绝缘胶垫、灭火器等车间安全防护用具。

进入新能源汽车维修车间，检查维修工位上的高压安全防护用具，填写车间维修工位上高压安全防护用具名称，如图 3-2 所示。

1. 隔离带

隔离带可以将车辆高压电气系统的作业场地隔离，防止其他人员随意出入，起到_____和_____的作用，如图 3-3 所示。

2. 安全警示牌

当工位上有高压车辆进行检查维修时，要求在工位周围必须布置明显的警示标识，如图 3-4 所示，避免他人未经允许进入高电压工位而发生事故。

1_____ 2_____ 3_____ 4_____

图 3-2 维修工位

图 3-3 隔离带

图 3-4 安全警示牌

3. 绝缘胶垫

绝缘胶垫又称绝缘毯、绝缘垫、绝缘胶皮、绝缘垫片等，具有较大体积电阻率，耐电击穿，用于配电等工作场合的台面或铺地绝缘材料，能起到较好的绝缘效果。

4. 灭火器

灭火器有_____、_____和_____等。对车间灭火器进行检查时，需要重点检查_____、灭火器有效期。

（1）灭火器压力值　灭火器的压力表用以指示灭火器内部压力或者灭火剂的余量，以确保灭火器处于正常工作状态。灭火器的压力表上有红色、绿色、黄色 3 种颜色区域，如图 3-5 所示。

当指针在_____区域内，表示压力正常；当指针在_____区域内，表示压力过低，灭火器无法正常使用；当指针在_____区域内，表示压力过高，灭火器有爆裂危险。

（2）灭火器维修铭牌　根据相关规定，灭火器应在瓶体加贴维修铭牌。维修铭牌上有灭火器使用单位、生产单位、维修单位、规格型号、生产日期、维修日期、检验员、下次维修日期等信息。通过维修铭牌可确认灭火器是否在有效期内，如图 3-6 所示。

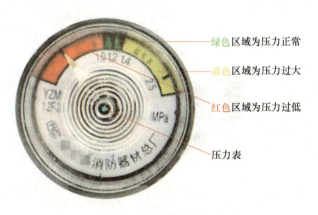

图 3-5 灭火器的压力表

图 3-6 灭火器维修铭牌

三、个人高压防护用具检查

为防止高压触电，在对新能源汽车进行检查维修时，维修人员必须穿戴绝缘帽、护目镜、绝缘手套、绝缘鞋和维修工服等个人安全防护用具。

填写图 3-7 中个人高压安全防护用具名称。

扫一扫

个人安全防护用具的检查

① _____

② _____

③ _____

④ _____

⑤ _____

图 3-7 个人高压安全防护用具

1. 绝缘帽

（1）作用　绝缘帽指具备电绝缘性性能要求的安全帽，在帽子上会有"D"字母标记。绝缘帽作为一种个人头部防护用品，能有效地防止和减轻操作人员在生产作业中遭受坠落物体或自己坠落时对人体_____的伤害。

（2）检查　检查有无裂痕、是否磨损严重、有无受过重击变形。对于新领用的安全帽，应检查是否有劳动部门允许生产的证明及产品合格证。使用时，选择正确电压等级的安全绝缘帽，如图 3-8 所示。

2. 护目镜

（1）作用　发生高压电事故时，防止电弧灼伤_____；在新能源汽车动力蓄电池维修过程中，防止电池电解液溅入眼睛。

（2）检查　观察护目镜面有无破损、刮花。护目镜的宽窄和大小要适合使用者的脸型，如图 3-9 所示。

图 3-8 绝缘帽

图 3-9 护目镜

3. 绝缘手套

（1）功用　高压绝缘手套指在高压电气设备上进行带电作业时，起电气绝缘作用的一种手套，可使人的两手与带电物绝缘，是防止工作人员同时触及不同极性带电体而导致触电的安全用具。

（2）检查

1）外观检查。观察绝缘手套有无油垢、灰尘、划痕、开裂。

2）耐压等级检查。根据相关规定，高压绝缘手套上必须有明显且持久的标记，内容包括标记符号、使用电压等级、规格型号、最大使用电压、制造单位或商标、检验合格印章，贴有经试验单位定期试验的合格证等信息，如图3-10所示。其中，使用电压等级按照国家标准《带电作业用绝缘手套》（GB/T 17622—2008）规定共分为5级，各级适用电压见表3-1。

图3-10　绝缘手套等级

表3-1　绝缘手套耐压等级

级别	0	1	2	3	4
适用电压/V	380	3000	10000	20000	35000

根据表3-1可知，图3-10中绝缘手套耐压等级为_____，最大使用电压为_____。

3）气密性检查。将手套从口部向上卷，稍用力将空气压至手掌及指头部分检查上述部位有无漏气，如图3-11所示。如果有漏气，则不能使用。

使用注意事项：

① 使用时，注意防止尖锐物体刺破手套。

② 使用绝缘手套时，应将上衣袖口套入手套筒口内。

4. 绝缘鞋

（1）功用　使人体与地面绝缘，防止电流通过人体与大地之间构成通路，对人体造成电击伤害，把触电时的危险降低到最低程度。它还能防止试验电压范围内的跨步电压对人体产生危害，如图3-12所示。

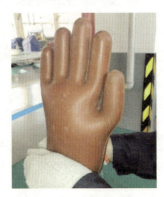 

图3-11　检查气密性　　　　　　　　　图3-12　绝缘鞋

（2）检查　检查绝缘鞋（靴）的表面是否外观清洁、无油垢、无灰尘，鞋（靴）底有无扎伤，底部花纹清晰明显、无磨平现象，无受潮现象，是否超过绝缘周期。

使用注意事项：

① 产品严禁与锐器、高温、酸、碱类或其他腐蚀性物品接触。
② 凡帮底有腐蚀、破损之处，均不能以电绝缘鞋使用。

5. 绝缘工服

（1）功用　绝缘工服不仅是维修技师所穿的衣服，而且它在给新能源汽车操作人员提供安全保障的同时，还能反映员工的精神风貌，体现企业的文化内涵，提升企业形象。

（2）绝缘工服的选择

1）面料选择。应当选择防静电、耐摩擦的面料。

2）工服要求。工服要求是收口，下摆、袖口、裤腿都可以扣起来，能有效减少衣服卡入车辆缝隙中的概率，提高作业安全性。

3）颜色选择。工服色泽以较深为宜，如图 3-13 所示。

四、眼睛清洗

在新能源汽车维修作业中，眼睛经常会受到各种伤害，如飞来的物体、腐蚀性的化学物质飞溅、有毒的气体或烟雾等，这些伤害几乎都可以通过护目镜进行防护。但如果有害物质不慎溅入眼中，应根据情况立即就医或自行处理。维修车间设有_____的标识，如图 3-14 所示。

图 3-13　绝缘工服

图 3-14　洗眼站标志

1. 准备洗眼

（1）确定是否需要立即就医　某些污染物溅入眼睛后，会导致化学灼伤或其他并发症。如果出现恶心或呕吐，头痛或头晕，视力严重受损或失去知觉、皮疹或发烧等症状，应立即就医。

（2）确定洗眼法的时间　对于轻度刺激性化学物质，如洗手液或洗发水，需要 5min；对于中度至重度刺激物，需要 20min 或更长时间；对于非渗透性腐蚀物，如电池电解液等酸性物质需要 20min；对于渗透腐蚀性物质，包括家用碱性物质，至少需要 60min。

2. 紧急洗眼器

（1）作用　洗眼器可在发生有毒、有害物质（如化学液体等）喷溅到工作人员脸部、眼部等紧急情况下，暂时减缓对身体的进一步侵害。其结构如图3-15所示。

（2）使用方法　需要洗眼时，请按顺时针方向推动洗眼开关推板，洗眼阀开启。将脸放在喷头前面，喷头会以低压喷水，这时尽量睁大眼睛或者用手指来保持眼睛完全张开。清洗时间结束后，按逆时针方向拉回推板，洗眼阀门关闭。

（3）保养

1) 设备应定期检查（建议每周1次），如果发现不畅应及时处理。

2) 只允许事故发生时使用，平时严禁洗手、洗脸使用。

【任务计划】

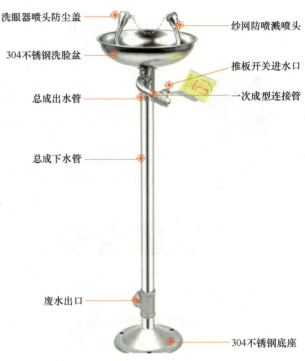

图3-15　洗眼器的结构

一、高压安全防护用具的认识

1) 认识车间安全防护用具。

2) 认识个人高压防护用具。

二、制订高压安全防护用具基本检查流程

在教师的指导下，查阅相关资料，小组讨论并制订高压安全防护用具基本检查流程。

步骤	作业内容

扫一扫

车辆高压断电标准操作

> **温馨提示：**
>
> 1）进入实训车间应穿着工作服、工作鞋，发型应符合安全性要求，不可佩戴手表、钥匙等金属配饰，以免划伤实训车辆表面。
> 2）在维修作业前，准备并检查必需的基本绝缘安全用具。
> 3）举升作业时，必须佩戴好安全帽。
> 4）在接触高压部件、高压线束前，必须完成车辆高压断电操作。
> 5）发现有人触电，应立即切断电源进行抢救，触电者未脱离电源前禁止直接接触。
> 6）若有害液体不慎溅入眼中，应立即到洗眼站使用洗眼器清洗。

【任务决策】

各小组选派代表阐述任务计划，小组间相互讨论、提出不同的看法，教师总结点评，完善方案。

【任务实施】

小组成员合理分工，完成高压安全防护用的认识与使用任务。

"高压安全防护用具的认识与使用"任务实施表

班级		姓名	
小组成员		组长	
操作员		监护员	
记录员		评分员	

任务实施流程

序号	作业内容	作业具体内容	结果记录
1	车间防护用具检查	检查设置隔离栏	□是 □否
		检查设置安全警示牌	□是 □否
		检查灭火器外观：□良好 □破损	
		灭火器压力值指针范围：□红色 □绿色 □黄色	
		检查灭火器维修铭牌：□完好 □丢失 □不在有效期内	
		检查绝缘垫外观：□良好 □破损	
2	个人防护用具检查	检查绝缘工服穿戴	□是 □否
		检查是否佩戴金属配饰	□是 □否
		检查绝缘鞋外观：□良好 □破损	
		检查绝缘鞋耐压等级：_____V	
		检查安全帽外观：□良好 □破损	
		检查安全帽合格证：□良好 □破损	
		佩戴并调整安全帽	□是 □否
		检查护目镜外观：□良好 □破损	
		规范佩戴护目镜	□是 □否

(续)

序号	作业内容	作业具体内容	结果记录
2	个人防护用具检查	检查绝缘手套外观：□ 良好　　□ 破损	
		检查绝缘手套耐压等级：_____ V	
		检查绝缘手套气密性：□ 良好　　□ 漏气	
		规范佩戴绝缘手套	□ 是　□ 否
3	洗眼器的使用	检查洗眼站标识	□ 是　□ 否
		检查洗眼器外观：□ 良好　　□ 腐蚀	
		规范使用洗眼器	□ 是　□ 否
4	作业场地恢复	将绝缘手套放至原位置	□ 是　□ 否
		将护目镜放至原位置	□ 是　□ 否
		将绝缘帽放至原位置	□ 是　□ 否
		将高压警示牌放至原位置	□ 是　□ 否
		拉开隔离栏	□ 是　□ 否
		清洁、整理场地	□ 是　□ 否

【质量检查】

一、小组自检

各小组根据任务实施的记录结果，对本小组的作业内容进行再次确认。

序号	检查项目	检查结果
1	规范地检查车间防护用具	□ 是　□ 否
2	规范地检查并穿戴个人防护用具	□ 是　□ 否
3	检查过程中动作规范、唱报清楚	□ 是　□ 否
4	小组分工合理，监护人员监护职责到位	□ 是　□ 否
5	按照7S管理规范恢复车辆及场地	□ 是　□ 否

二、教师检查

教师根据各小组作业完成情况进行质量检查，选择优秀小组成员进行作业情况汇报，针对作业过程中出现的问题提出改进措施与建议。

作业问题及改进措施：

【课后提升】

课后开放实训室，小组内两人配合练习高压安全防护用具的检查、穿戴，做到动作熟练、唱报清楚。

【评价反馈】

小组内合理分工，交换操作员、监护员、记录员、评分员角色，完成作业任务后，结合个人、小组在课堂中的实际表现进行总结与反思。

1. 请小组成员完成本次工作任务评分。

"高压安全防护用具的认识与使用"作业评分表

序号	作业内容	评分要点	配分	扣分	判罚依据
1	车间防护用具检查（3.5分）	☐ 未检查设置隔离栏扣0.5分	0.5		
		☐ 未设置安全警示牌扣0.5分	0.5		
		☐ 未检查灭火器压力值扣0.5分	0.5		
		☐ 未唱报灭火器压力值扣0.5分	0.5		
		☐ 未检查灭火器有效期扣0.5分	0.5		
		☐ 未检查绝缘垫外观扣0.5分	0.5		
		☐ 未唱报绝缘垫外观检查情况扣0.5分	0.5		
2	个人防护用具检查（10.5分）	☐ 未着工装扣0.5分；发型不符要求扣0.5分	1		
		☐ 未检查是否佩戴金属配饰扣0.5分	0.5		
		☐ 未检查绝缘鞋外观扣0.5分	0.5		
		☐ 未检查绝缘鞋耐压等级扣1分	1		
		☐ 未检查安全帽外观扣1分	1		
		☐ 未检查安全帽合格证扣0.5分	0.5		
		☐ 未按规范佩戴并调整安全帽扣0.5分	0.5		
		☐ 未检查护目镜外观扣1分	1		
		☐ 未规范佩戴护目镜扣1分	1		
		☐ 未检查绝缘手套的外观扣1分；漏检查1只扣0.5分	1		
		☐ 未检查绝缘手套耐压等级扣1分；漏检查1只扣0.5分	1		
		☐ 未唱报绝缘手套耐压等级扣0.5分	0.5		
		☐ 未检查绝缘手套气密性扣1分；漏检查1只扣0.5分	1		
3	洗眼器的使用（3分）	☐ 未检查洗眼站标识扣1分	1		
		☐ 未检查洗眼器外观扣1分	1		
		☐ 洗眼器使用不正确扣1分	1		
4	作业场地恢复（3分）	☐ 未将绝缘手套放至原位置扣0.5分	0.5		
		☐ 未将护目镜放至原位置扣0.5分	0.5		
		☐ 未将绝缘帽放至原位置扣0.5分	0.5		

(续)

序号	作业内容	评分要点	配分	扣分	判罚依据
4	作业场地恢复（3分）	☐ 未将高压警示牌放至原位置扣 0.5 分	0.5		
		☐ 未拉开隔离栏扣 0.5 分	0.5		
		☐ 未清洁场地扣 0.5 分	0.5		
5	安全事故	☐ 损伤、损毁车辆、设备或造成人身伤亡的，视情节扣 2~15 分；特别严重的安全事故不得分			
		合计	20		

2. 小组作业中是否存在问题？如果有问题，如何成功解决该问题？

3. 请对个人在本次工作任务中的表现进行总结与反思。

【课堂笔记】

任务 2　新能源汽车常用高压维修工具的认识与使用

【任务描述】

新能源汽车因为存在高压系统，因此除了传统的维修工具外，新能源汽车有专用的维修工具和检测设备。作为一名未来的新能源汽车维修人员，熟练使用各种维修工具、检测设备是进行新能源汽车维修的必要前提，也是在实际工作中必备的专业技能。

【任务目标】

1. 发展能力

1）能够总结新能源汽车常用高压维修工具的类型。

2）能够描述新能源汽车常用高压维修工具的功用。

2. 操作能力

1）能够正确检查和选用绝缘拆装工具。

2）能够正确使用数字万用表测量并记录低压蓄电池电压。

3）能够正确使用钳形万用表测量并记录低压蓄电池电流。

4）能够正确使用绝缘电阻测试仪检测绝缘垫的绝缘性。

3. 社会能力

1）在使用检测仪表过程中注重细节评分，培养学生严谨细致的职业素养。

2）通过课后开放实训室，提升学生使用工具的熟练度，培养学生的自主学习意识。

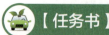【任务书】

_____ 是一名新能源汽车维修学员，新能源汽车维修工班 _____ 组接到了新能源汽车常用高压维修工具的认识与使用的任务，班长根据作业任务对班组人员进行了合理分工，同时强调了熟练使用高压维修工具的重要性。_____ 接到任务后，按照操作注意事项和操作要点开始认识和使用高压维修工具。

【任务分组】

班级		组号		指导教师	
组长		学号			
小组成员	姓名	学号		角色分工	
				监护人员	
				操作人员	
				记录人员	
				评分人员	

一、新能源汽车维修工具分类

常用的新能源汽车维修工具见表3-2。

表3-2 常用的新能源汽车维修工具

序号	类型	工具名称	规格要求
1	拆装工具	绝缘拆装工具	耐压1000V
2	检测仪表	数字万用表	符合CAT_____要求
		钳形电流表	符合CAT_____要求
		绝缘电阻测试仪	符合CAT_____要求

知识拓展：

什么是 CAT 等级？

根据国际电子电工委员会 IEC1010-1 的定义，电工工作的区域分为 4 个等级：CAT Ⅰ、CAT Ⅱ、CAT Ⅲ 和 CAT Ⅳ。CAT 等级是向下单向兼容的，即一块 CAT Ⅳ 的万用表在 CAT Ⅰ、CAT Ⅱ 和 CAT Ⅲ 下使用是完全安全的，但是一块 CAT Ⅰ 的万用表在 CAT Ⅱ、CAT Ⅲ、CAT Ⅳ 的环境下使用就不保证安全了。

新能源汽车检测仪表在说明书和表体上标有 CAT 等级和耐压值，同一个 CAT 等级下，工作电压越高，其安全等级越高。

二、绝缘拆装工具

绝缘工具是采用绝缘材料进行加工并适用于电气系统拆装等操作的使用工具。新能源汽车高压系统零部件拆装必须装有耐压_____以上的绝缘柄。

与传统普通型工具相比，新能源汽车专用绝缘拆装工具绝缘面积大，除了与零部件接触点没有绝缘外，其他地方均进行了相应绝缘处理，一般绝缘层通常使用_____、_____两色进行标识。绝缘防护胶柄等均使用耐高压、耐燃材料制作，同时具有防滑功能。

如图 3-16 所示为世达 68 件新能源汽车维修组套。请打开工具车，查找下列产品编号所对应的工具，并填写该工具名称。

扫一扫

新能源汽车绝缘拆装工具认知

三、检测仪表

1. 数字万用表

（1）功用　数字万用表是新能源汽车基本检测仪器，应符合 CAT Ⅲ 安全级别要求。

数字万用表通常具有检测交/直流电压、电流、电阻、频率、温度、二极管、电容等功能。

41308：_____

47102：_____

61221：_____

61321：_____

42408：_____

70132：_____

70233：_____

70333：_____

93470：_____

12508：_____

12941：_____

12982：_____

12984：_____

24404：_____

图 3-16　世达 68 件新能源汽车维修组套

（2）外形　图 3-17 所示为优利德 UT61 数字万用表。

（3）数字万用表的使用　以数字万用表电压测量功能为例进行介绍。

1）校零。将黑色测试探头插入_____输入端，红色测试探头插入_____输入端，然后将功能量程选择转盘转至_____档，两表笔_____，观察屏幕读数是否小于_____。

2）测量。将功能量程选择转盘转至"直流/交流电压"档位，默认为直流电压档位，如果测量交流电压，利用_____按钮进行切换。

3）将探针接触想要测量的电路测试点，测量电压。

2. 钳形电流表

（1）功用和类型　钳形电流表是一种用于测量_____的电气电路电流大小的仪表，可在_____的情况下测量电流，是专门测量大电流的电工仪表。

钳形电流表分为_____、_____和_____。实训时推荐使用交直流钳形电流表，下述内容以优利德 UT216C 交直流钳形表为例进行介绍。

（2）外形　钳形电流表的外形如图 3-18 所示。

（3）电气符号含义　请将表 3-3 中功能量程选择转盘上的符号含义补充完整。

图 3-17　优利德 UT61 数字万用表

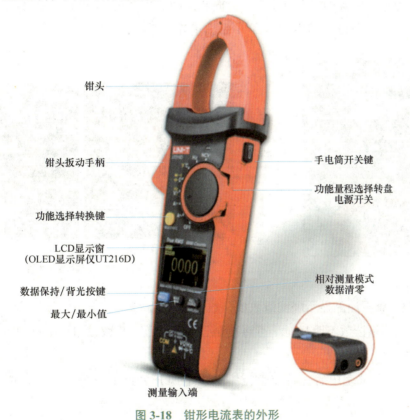

图 3-18　钳形电流表的外形

表 3-3　钳形电流表电气符号

符号	含义	符号	含义
OFF	关闭电源	▶│	二极管检测
A~		))))	

(续)

符号	含义	符号	含义
A⎓		Ω	
V⎓		⊣⊢	
Hz	频率测量	NCV	非接触电压
°F	华氏温度测量	℃	摄氏温度测量

（4）钳形电流表测量电流

1）校零。使用钳形电流表时，首先进行校零，操作方法如图3-19所示。将黑色测试探头插入_____输入端，红色测试探头插入_____输入端，然后将功能量程选择转盘转至_____档，两表笔短接，观察屏幕读数是否小于1Ω。

2）选择档位。根据所测电路电流的性质（直流/交流），将功能量程选择转盘转至合适的电流档位。

3）测量。按住钳头、扳动手柄张开钳口并将待测导线套入钳口中，确保钳口的闭合面接触良好，导线位于环形钳口的_____，否则会导致数据失准。

注意：为了避免触电或人身伤害，流向相反的电流会相互抵消。一次只能在夹钳中放入_____根导线，请在图3-20中做出正确的选择。

图3-19 钳形电流表校零

□正确 □错误　　□正确 □错误

图3-20 测量电流方法

4）读数。查看液晶显示屏测量数值，数值稳定后读数。

注意：当测量读数不明显时，可将被测导线绕几匝，匝数以钳口中央的匝数为准，则最终电流值＝_____。

5）恢复。测试完毕后，将交直流钳形表电源开关置于_____位，恢复整理仪表。

3. 绝缘电阻测试仪

（1）功用和类型　绝缘电阻测试仪主要用来测量变压器、电机、线缆、开关、电器等电气设备及绝缘材料的绝缘电阻，保证这些设备、电器和电路工作在正常状态，避免发生触电伤亡及设备损坏等事故。

新能源汽车引入了高压系统，高压线束必须具备一定的绝缘阻值才能保证用户和维修人员的人身安全。测量高压线束绝缘阻值是否达到标准，需要使用绝缘电阻测试仪。

扫一扫

绝缘电阻测试仪

绝缘电阻测试仪有_____和_____两种，如图3-21所示。下述内容以FLUKE1508数字式绝缘电阻测试仪为例，介绍绝缘测试仪的操作步骤。

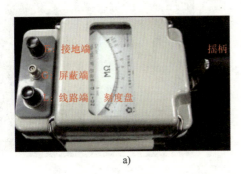

图3-21 绝缘电阻测试仪

a) 手摇式绝缘电阻测试仪　b) 数字式绝缘电阻测试仪

（2）外形　数字式绝缘电阻测试仪的外形如图3-22所示。

（3）绝缘电阻测试仪的使用　新能源汽车维修场地必须铺设绝缘地垫，为保证绝缘地垫的绝缘效果和操作人员的安全，在对车辆进行检查维修之前，必须对绝缘地垫进行绝缘性测试。接下来以绝缘地垫的绝缘性测试为例，介绍绝缘电阻测试仪的操作方法。

注意：由于绝缘测试时，表笔输出高压电，因此进行绝缘测试时必须佩戴绝缘手套以及护目镜。

1）绝缘电阻测试仪校零。绝缘电阻测试仪校零分为两个步骤，分别是_____与_____。

① 开路测试。量程选至1000V，将红色和黑色测试探头分别插入_____输入端子和_____输入端子，然后将功能旋钮转至_____档，两表笔断开连接，单击"测试"按钮，若指示灯 亮起且屏幕读数≥11GΩ，则测试仪开路测试正常，如图3-23所示。

图3-22 数字式绝缘电阻测试仪的外形

② 短路测试。量程选至1000V，将红色和黑色测试探头分别插入_____输入端子和_____输入端子，然后将功能旋钮转至_____档，两表笔短接，按下"测试"按钮，若指示灯 亮起且屏幕读数为0，则测试仪短路测试正常，如图3-24所示。

2）测量。开路测试和短路测试结束后，立刻进行绝缘性检测。黑色表笔接触_____，红色表笔接触_____，按下_____按钮开始测量，直至屏幕出现>11.0GΩ的稳定数值，如图3-25所示。

图3-23 开路测试

图 3-24 短路测试

图 3-25 绝缘电阻测试仪的测量

3）记录测量数据，变换位置继续测量，共测量 4 点绝缘地垫的绝缘电阻值并记录。如果屏幕显示绝缘电阻值≥_____，则说明绝缘地垫绝缘性良好。

4）将绝缘电阻测试仪档位开关置于_____，恢复、归整测试探头。

【任务计划】

一、常用高压维修工具的认识

1）认识常用绝缘拆装工具。
2）认识常用检测仪表。

二、制订常用高压维修工具基本检查流程

在教师的指导下，查阅相关资料，小组讨论并制订常用高压维修工具基本检查流程。

步骤	作业内容

模块二 不带电环境下的高压系统工作

温馨提示：

1）进入实训车间应穿着工作服、工作鞋，发型应符合安全性要求，不可佩戴手表、钥匙等金属配饰。
2）在使用绝缘拆装工具时，应避免利器切割绝缘层。
3）绝缘拆装工具应避免高温烘烤，以防绝缘层变形。
4）使用绝缘电阻仪测试时，必须佩戴绝缘手套、护目镜。
5）在完成所有测量操作后，应保证仪器处于关闭状态，并将测试线从仪器上取出。

【任务决策】

各小组选派代表阐述任务计划，小组间相互讨论、提出不同的看法，教师总结点评，完善方案。

【任务实施】

小组成员合理分工，完成新能源汽车常用高压维修工具的认识与使用任务。

"新能源汽车常用高压维修工具的认识与使用"任务实施表

班级		姓名	
小组成员		组长	
操作员		监护员	
记录员		评分员	

任务实施流程			
序号	作业内容	作业具体内容	结果记录
1	场地准备	检查设置隔离栏	□是 □否
		检查设置安全警示牌	□是 □否
		检查灭火器压力、有效期	□是 □否
		安装车辆挡块	□是 □否
2	检查防护套装	检查绝缘手套外观、耐压等级	□是 □否
		检查绝缘手套密封性	□是 □否
		检查安全帽、护目镜	□是 □否
		检查是否佩戴金属配饰	□是 □否
3	绝缘拆装工具的使用	选用工具规范拆卸辅助蓄电池负极连接	□是 □否
		选用工具规范拆卸辅助蓄电池正极连接	□是 □否
		选用工具规范安装辅助蓄电池正极连接	□是 □否
		选用工具规范安装辅助蓄电池负极连接	□是 □否
4	数字万用表的检查与使用	检查数字万用表外观	□是 □否
		检查数字万用表连接线束	□是 □否
		数字万用表校零确认小于1Ω	□是 □否
		使用数字万用表测量低压蓄电池电压：_____ V	
		关闭数字万用表	□是 □否

(续)

序号	作业内容	作业具体内容	结果记录	
5	钳形电流表的检查与使用	检查钳形电流表外观	□是	□否
		检查钳形电流表连接线束	□是	□否
		校零钳形电流表确认小于1Ω	□是	□否
		使用钳形电流表测量低压蓄电池电流：_____A		
		关闭钳形电流表	□是	□否
6	绝缘电阻测试仪的检查与使用	检查数字绝缘电阻测试仪外观	□是	□否
		检查数字绝缘电阻测试仪连接线束	□是	□否
		绝缘电阻测试仪开路检测并确认电阻无穷大	□是	□否
		绝缘电阻测试仪短路检测并确认电阻为0MΩ	□是	□否
		4点测试绝缘垫绝缘性： 第1点：_____　　第2点：_____ 第3点：_____　　第4点：_____		
		关闭绝缘电阻测试仪	□是	□否
7	作业场地恢复	将高压警示牌、车轮挡块等放至原位置	□是	□否
		清洁、整理场地	□是	□否

一、小组自检

各小组根据任务实施的记录结果，对本小组的作业内容进行再次确认。

序号	检查项目	检查结果	
1	规范地检查车间防护用具	□是	□否
2	规范地使用绝缘拆装工具拆装蓄电池正、负极	□是	□否
3	规范地检查、使用数字万用表测量蓄电池电压	□是	□否
4	规范地检查、使用数字万用表测量蓄电池电流	□是	□否
5	规范地检查、使用数字万用表测量绝缘垫绝缘性	□是	□否
6	按照7S管理规范恢复车辆及场地	□是	□否

二、教师检查

教师根据各小组作业完成情况进行质量检查，选择优秀小组成员进行作业情况汇报，针对作业过程中出现的问题提出改进措施与建议。

作业问题及改进措施：

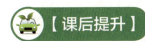【课后提升】

课后开放实训室,以小组为单位到实训室选用绝缘拆装工具练习拆装,提升工具使用熟练度。

【评价反馈】

小组内合理分工,交换操作员、监护员、记录员、评分员角色,完成作业任务后,结合个人、小组在课堂中的实际表现进行总结与反思。

1. 请小组成员完成本次工作任务评分。

"新能源汽车常用高压维修工具的认识与使用"作业评分表

序号	作业内容	评分要点	配分	得分	判罚依据
1	场地准备 (2.5 分)	☐ 未检查设置隔离栏扣 0.5 分	0.5		
		☐ 未设置安全警示牌扣 0.5 分	0.5		
		☐ 未检查灭火器压力值扣 0.5 分	0.5		
		☐ 未检查灭火器有效期扣 0.5 分	0.5		
		☐ 未安装车辆挡块扣 0.5 分	0.5		
2	检查防护套装 (3.5 分)	☐ 未着工装扣 0.5 分;发型不符合要求扣 0.5 分	1		
		☐ 未检查绝缘手套的外观扣 0.5 分	0.5		
		☐ 未检查绝缘手套耐压等级扣 0.5 分	0.5		
		☐ 未检查绝缘手套气密性扣 0.5 分	0.5		
		☐ 未检查护目镜安全损伤扣 0.5 分	0.5		
		☐ 未检查安全帽安全损伤扣 0.5 分	0.5		
3	绝缘拆装工具的检查与使用 (5 分)	☐ 未检查工具箱工具有无缺失扣 0.5 分	0.5		
		☐ 未选用工具拆卸辅助蓄电池负极连接扣 1 分;未选用工具拆卸辅助蓄电池正极连接扣 1 分 ☐ 拆卸顺序错误不得分	2		
		☐ 未选用工具安装辅助蓄电池正极连接扣 1 分;未选用工具安装辅助蓄电池负极连接扣 1 分 ☐ 安装顺序错误不得分	2		
		☐ 安装完毕后未将工具放回工具箱扣 0.5 分	0.5		
4	数字万用表的检查与使用 (3.5 分)	☐ 未检查数字万用表外观扣 0.5 分	0.5		
		☐ 未检查数字万用表连接线束扣 0.5 分	0.5		
		☐ 未校零数字万用表确认小于 1Ω 扣 0.5 分	0.5		
		☐ 未使用数字万用表测量低压蓄电池电压扣 0.5 分	0.5		
		☐ 数字万用表测量档位错误扣 0.5 分	0.5		
		☐ 未正确记录测量数值扣 0.5 分	0.5		
		☐ 数字万用表使用完毕后未关闭扣 0.5 分	0.5		
5	钳形电流表的检查与使用 (3.5 分)	☐ 未检查检查钳形电流表外观扣 0.5 分	0.5		
		☐ 未检查检查钳形电流表连接线束扣 0.5 分	0.5		
		☐ 未校零钳形电流表确认小于 1Ω 扣 0.5 分	0.5		

(续)

序号	作业内容	评分要点	配分	得分	判罚依据
5	钳形电流表的检查与使用（3.5分）	☐ 未检查测量低压蓄电池电流扣0.5分	0.5		
		☐ 测量档位错误扣0.5分	0.5		
		☐ 未正确记录测量数值扣0.5分	0.5		
		☐ 钳形电流表使用完毕后未关闭扣0.5分	0.5		
6	绝缘电阻测试仪的检查与使用（6分）	☐ 未检查数字绝缘电阻测试仪外观扣0.5分	0.5		
		☐ 未检查数字绝缘电阻测试仪线束扣0.5分	0.5		
		☐ 绝缘电阻测试仪开路检测未确认电阻无穷大扣0.5分	0.5		
		☐ 绝缘电阻测试仪短路检测未确认电阻值为0MΩ扣0.5分	0.5		
		☐ 未选择4点检测绝缘垫绝缘性，每少1点扣0.5分 ☐ 不佩戴护目镜、绝缘手套不得分	2		
		☐ 测量档位错误扣0.5分	0.5		
		☐ 未正确记录测量数值，错1点扣0.5分	1		
		☐ 绝缘电阻测试仪使用后未关闭扣0.5分	0.5		
7	作业场地恢复（1分）	☐ 未将高压警示牌等放至原位置扣0.5分	0.5		
		☐ 未清洁场地扣0.5分	0.5		
8	安全事故	☐ 损伤、损毁车辆、设备或造成人身伤亡的，视情节扣2~15分；特别严重的安全事故不得分			
		合计	25		

2. 小组作业中是否存在问题？如果有问题，如何成功解决该问题？

3. 请对个人在本次工作任务中的表现进行总结与反思。

【课堂笔记】

任务 3　新能源汽车诊断仪的认识与使用

【任务描述】

在传统燃油汽车中,汽车的各种功能基本都是由电子控制系统辅助完成,当进行车辆维修和维护时,汽车诊断仪在汽车电控系统通信中发挥了重要媒介作用。随着新能源汽车的兴起,汽车智能化程度越来越高,汽车诊断仪的作用更加重要。作为一名新能源汽车维修技师,你必须能够熟练使用新能源汽车诊断仪,迅速地读取汽车电控系统中的故障。

【任务目标】

1. 发展能力

1)能够描述新能源汽车诊断仪器的类型和作用。

2)能够认识新能源汽车诊断仪配件。

2. 操作能力

1)能够正确连接新能源汽车诊断仪。

2)能够正确使用诊断仪读取并记录被诊断车辆的故障码和数据流,清除故障码。

3. 社会能力

1)小组合作完成诊断仪的使用,培养学生的团队合作意识。

2)通过制作诊断仪使用流程,树立学生的规范操作意识。

【任务书】

_____是一名新能源汽车维修学员,新能源汽车维修工班_____组接到了新能源汽车诊断仪认识与使用的任务,班长根据作业任务对班组人员进行了合理分工,同时强调了熟练使用诊断仪的重要性。_____接到任务后,按照操作注意事项和操作要点开始认识和使用新能源汽车诊断仪。

【任务分组】

班级		组号		指导教师	
组长		学号			
小组成员	姓名	学号	角色分工		
			监护人员		
			操作人员		
			记录人员		
			评分人员		

一、汽车诊断仪简介

1. 汽车诊断仪的类型

汽车诊断仪又称为汽车解码器，通常可分为_____和_____。通用诊断仪能适用于不同车型，价格相对较低，功能简单；专用诊断仪通常是针对某一特定厂家开发的，价格相对较高，功能强大。

2. 汽车诊断仪的功能

汽车诊断仪主要的功能有读取故障码、清除故障码、读取动态数据流、元件动作测试、系统匹配等功能。

（1）读取故障码　可将存储在车用电脑中的故障码和含义显示在屏幕上，以便阅读。

（2）清除故障码　清除存储在车用电脑中的故障码。

（3）读取动态数据流　可对传感器和执行器的动态参数进行_____。动态参数如车速、变速器档位状态等。

（4）元件动作测试　可通过车用电脑向执行元件发出指令，并执行相应动作，例如散热器风扇运转。

（5）系统匹配　利用诊断仪可对汽车电子控制系统进行基本调整和设置，例如匹配钥匙。

（6）其他功能　某些诊断仪具有万用表、示波器、汽车维修资料库、打印输出和网络升级等功能。

注意：诊断仪的功能随测试软件的版本而异，也随被测车系和年款不同而不同。

二、新能源汽车诊断仪的使用

扫一扫
新能源汽车故障诊断仪的使用

新能源汽车尤其是纯电动汽车上的电控系统较多较复杂，因此在新能源汽车的维修工作中，诊断仪具有十分重要的作用。新能源汽车诊断仪与传统汽车诊断仪的使用类似，下面以欧克勒亚 S8 EV 新能源汽车诊断仪为例，讲解新能源汽车诊断仪的使用。

1. 认识诊断仪

欧克勒亚 S8 EV 新能源汽车诊断仪主要包括诊断仪主机、蓝牙诊断接口、测试主线 3 部分，如图 3-26 所示。

诊断盒上有 4 个指示灯，分别是 Power、Wireless、USB 和 Vehicle。请在图 3-27 中写出各指示灯的含义。

诊断仪主机与诊断盒可通过 USB 有线连接，也可通过蓝牙无线连接。其 USB 连接线如图 3-28 所示，诊断仪主机的电源适配器如图 3-29 所示。

a)_____　　b)_____　　c)_____

图 3-26　诊断仪结构

图 3-27 诊断盒指示灯

图 3-28 USB 连接线

图 3-29 电源适配器

2. 连接诊断仪

1）连接测试主线与诊断盒，如图 3-30 所示。

2）连接诊断盒与车辆。将诊断盒通过测试主线和与车辆 OBD Ⅱ 接口相连，如图 3-31 所示。此时，诊断盒_____灯亮。

图 3-30 连接测试主线

图 3-31 连接车辆

3）打开诊断仪主机电源。

4）踩下制动踏板，按下一键起动开关，起动车辆。

5）蓝牙连接。

① 打开诊断仪，如图 3-32 所示，单击最上方的图标 。

② 打开蓝牙，连接 wiScan 无线设备，显示连接成功，如图 3-33 所示。此时，诊断盒 _____ 灯亮。

3. 读取故障码和数据流

1）单击首页"汽车诊断"，进入汽车厂商选择界面，如图 3-34 所示。

图 3-32　诊断仪打开界面

图 3-33　蓝牙连接成功

2）选择"帝豪汽车"，进入车型选择界面，如图 3-35 所示。

 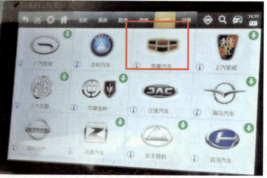

图 3-34　汽车诊断界面　　　　　　图 3-35　选择汽车厂商

3）选择"帝豪 EV 系列"，车型选择"帝豪 EV450"，如图 3-36 所示，单击确认键进入故障诊断界面。

图 3-36　选择车型

4）单击"一键扫描"，诊断仪自动扫描车辆所有电控系统，并标识出各系统当前 _____ 状态，如图 3-37 所示。

5）单击任意被标识为故障的模块，即可进入该模块进行故障码、数据流读取操作，如图3-38所示。

注意：单击"读故障码"进入后，如果有历史故障码，单击"返回"，返回主页面后单击"一键清码"，清除历史故障码，再次读取故障码。

图3-37　一键扫描

6）单击左上角返回，可进入其他被标识为故障的模块进行故障码、数据流读取操作。

图3-38　读取故障码和数据流

4. 断开诊断仪

1）依次退出诊断程序，回到诊断仪主机主界面，关闭诊断仪主机电源。

2）车辆下电。

3）将测试主线从车辆OBDⅡ接口取下。

4）将测试主线从诊断盒取下。

5）整理诊断仪主机、诊断盒、测试主线，放置到指定位置。

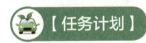【任务计划】

一、新能源汽车诊断仪基本检查内容

1）辨认诊断仪的连接方法及位置。

2）检查诊断仪的外观是否有破损及脏污。

3）检查诊断仪各部分连接状态是否良好。

二、制订新能源汽车诊断仪的使用流程

在教师的指导下，查阅相关资料，小组讨论并制订新能源汽车诊断仪的使用流程。

步骤	作业内容

温馨提示

1）进入实训车间应穿着工作服、工作鞋，不可佩戴手表、钥匙等金属配饰。
2）车辆高压上电前，确保安装好车轮挡块。
3）车辆点火开关接通后，禁止连接或断开汽车诊断仪。
4）汽车诊断仪使用完毕后，务必确保诊断仪电量充足。
5）汽车诊断仪在使用过程中，应远离水、油脂类物品，保持设备干燥、清洁。

【任务决策】

各小组选派代表阐述任务计划，小组间相互讨论、提出不同的看法，教师总结点评，完善方案。

【任务实施】

小组成员合理分工，完成新能源汽车诊断仪的认识与使用任务。

"新能源汽车诊断仪的认识与使用"任务实施表

班级		姓名	
小组成员		组长	
操作员		监护员	
记录员		评分员	

（续）

任务实施流程			
序号	作业内容	作业具体内容	结果记录
1	场地准备	检查设置隔离栏	□是　□否
		检查设置安全警示牌	□是　□否
		检查灭火器压力、有效期	□是　□否
		安装车辆挡块	□是　□否
2	安装车内三件套	正确安装车内三件套	□是　□否
3	连接诊断仪	连接测试主线与诊断盒	□是　□否
		连接测试主线与车辆OBD Ⅱ接口	□是　□否
		车辆高压上电	□是　□否
		通过诊断仪蓝牙连接车辆	□是　□否
4	读取故障码	故障码　　故障状态　　故障描述	
5	读取 VCU 数据流	数据名称　　值　　单位	
6	读取 BMS 数据流	数据名称　　值　　单位	
7	断开诊断仪	依次退出诊断程序	□是　□否
		关闭诊断仪主机	□是　□否
		断开测试主线与车辆OBD Ⅱ接口连接	□是　□否

(续)

序号	作业内容	作业具体内容	结果记录	
7	断开诊断仪	车辆高压下电	□是	□否
		断开测试主线与诊断盒接口连接	□是	□否
		整理诊断仪配件,放置到指定位置	□是	□否
8	作业场地恢复	拆卸车内三件套	□是	□否
		将高压警示牌、车轮挡块等放至原位置	□是	□否
		清洁、整理场地	□是	□否

一、小组自检

各小组根据任务实施的记录结果,对本小组的作业内容进行再次确认。

序号	检查项目	检查结果	
1	规范地检查车间防护用具	□是	□否
2	规范地连接诊断仪	□是	□否
3	使用诊断仪读取并记录故障码	□是	□否
4	使用诊断仪读取并记录数据流	□是	□否
5	规范地断开诊断仪	□是	□否
6	按照 7S 管理规范地恢复车辆及场地	□是	□否

二、教师检查

教师根据各小组作业完成情况进行质量检查,选择优秀小组成员进行作业情况汇报,针对作业过程中出现的问题提出改进措施与建议。

作业问题及改进措施:

_____

_____

新能源汽车诊断仪在使用中有很多注意事项,为了提高同学们的规范操作意识,以小组为单位,制订新能源汽车诊断仪的使用流程。

【评价反馈】

小组内合理分工,交换操作员、监护员、记录员、评分员角色,完成作业任务后,结合个人、小组在课堂中的实际表现进行总结与反思。

1. 请小组成员完成本次工作任务评分。

"新能源汽车诊断仪的认识与使用"作业评分表

序号	作业内容	评分要点	配分	得分	判罚依据
1	场地准备（2.5分）	□ 未检查设置隔离栏扣0.5分	0.5		
		□ 未设置安全警示牌扣0.5分	0.5		
		□ 未检查灭火器压力值扣0.5分	0.5		
		□ 未检查灭火器有效期扣0.5分	0.5		
		□ 未安装车辆挡块扣0.5分	0.5		
2	安装车内三件套（1分）	□ 未安装车内三件套扣0.5分	0.5		
		□ 车内三件套撕裂扣0.5分	0.5		
3	连接诊断仪（3分）	□ 未正确连接测试主线与诊断盒扣0.5分	0.5		
		□ 未连接测试主线与OBD Ⅱ接口扣0.5分	0.5		
		□ 连接车辆OBD Ⅱ接口前未下电扣0.5分	0.5		
		□ 车辆高压上电前未请求报告扣0.5分	0.5		
		□ 未通过蓝牙连接车辆扣1分	1		
4	读取故障码（7分）	□ 未一键扫描车辆模块扣1分	1		
		□ 未进入标识故障模块读取故障码扣1分	1		
		□ 未记录故障码、状态、描述，少记录1项扣0.5分，最多扣5分	5		
5	读取VCU数据流（5分）	□ 未记录VCU中数据流名称、值、单位，少记录1项扣0.5分，最多扣5分	5		
6	读取BMS数据流（5分）	□ 未记录BMS中数据流名称、值、单位、结果判断，少记录1项扣0.5分，最多扣5分	5		
7	作业场地恢复（1.5分）	□ 未拆卸车内三件套扣0.5分	0.5		
		□ 未将高压警示牌等放至原位置扣0.5分	0.5		
		□ 未清洁场地扣0.5分	0.5		
8	安全事故	□ 损伤、损毁车辆、设备或造成人身伤亡的，视情节扣2~15分；特别严重的安全事故不得分			
		合计	25		

2. 小组作业中是否存在问题？如果有问题，如何成功解决该问题？

3. 请对个人在本次工作任务中的表现进行总结与反思。

【课堂笔记】

任务 4　新能源汽车高压断电标准操作

【任务描述】

新能源汽车高压电气系统工作电压高达数百伏，在对新能源汽车高压电气系统进行检修前，为了保障维修人员的人身安全，必须按照标准切断高压电气系统电源。对于一名新能源汽车维修人员，这是在上岗前必须通过的培训，是必备的专业技能。

【任务目标】

1. 发展能力

1）能够说出手动维修开关的作用。

2）能够描述新能源汽车高压断电的操作步骤和注意事项。

2. 操作能力

1）能够规范地拆卸维修开关，并将开关交给监护员妥善保管。

2）能够做好高压安全防护，规范地完成新能源车辆的高压断电。

3）能够正确使用绝缘检测工具进行验电。

3. 社会能力

1）通过高压断电操作树立安全第一意识。

2）小组合作完成实操任务，培养学生的团队合作意识。

3）在规范完成高压断电操作任务中发扬精益求精的工匠精神。

【任务书】

_____是一名新能源汽车维修学员，新能源汽车维修工班_____组接到了断开吉利 EV450 电动汽车高压电的任务，班长根据作业任务对班组人员进行了合理分工，同时强调了高压断电标准操作的重要性。_____接到任务后，按照操作注意事项和操作要点对吉利 EV450 电动汽车进行高压断电标准操作。

【任务分组】

班级		组号		指导教师	
组长		学号			
小组成员	姓名	学号	角色分工		
			监护人员		
			操作人员		
			记录人员		
			评分人员		

【获取信息】

一、手动维修开关

为了保证新能源汽车在维修时的安全性，动力蓄电池系统 Pack 中一般装配有手动维修开关，英文缩写为_____（Manual Service Disconnect）。

1. MSD 的主要功能

MSD 用于保证在高压环境下维修新能源汽车的技术人员的安全或应对突发的事件，可以快速分离高压电路的连接，使维修等工作处于一种较为安全的状态。

1）在进行高压系统维修时，断开维修开关可以直接断开_____，从而保证维修人员的安全。

2）在高压系统出现短路危险时，维修开关内置_____会熔断，保护高压系统安全。

2. MSD 的基本原理

MSD 设计在动力蓄电池 Pack 主回路中，内置高压熔丝，还有高压互锁功能。在外部短路时，熔丝切断高压回路；需要手动断开高压时，高压互锁先断开，然后断开高压回路，如图3-39所示。

图 3-39　MSD 结构图

3. MSD 的基本要求

因涉及高压安全，故维修开关的规范操作是非常重要的，不规范的操作不仅可能造成车辆故障，还有可能引起高压拉弧等危险。维修开关规范操作如下：

1）维修开关是在特殊情况下才使用的，如车辆维修、漏电报警等情况，在非特殊情况下不允许对维修开关进行操作。

2）维修开关的操作应由专业人员进行，至少操作人员应该进行过相关培训。

3）操作时，操作人员必须佩戴必要的劳保用品，如绝缘手套、绝缘胶鞋等，其电压等级必须大于蓄电池组的最高电压。

4）拔下维修开关手柄后，必须妥善保管，直至检修完毕，避免误操作。

5）拆开维修开关之后，必须等待至少＿＿＿＿＿＿＿min 后才能进行维修操作，以确保高压电路的余电已释放。如果条件允许，建议等待时间为 30min。

注意：维修开关暂无法规规定其配置要求，目前为各厂家自行配备的功能件，故部分新能源汽车是无此开关的。

二、高压断电流程

1. 设监护人持证上岗

高压电气部件的维护和检修作业必须设立专职监护人。由监护人监督工、量具设备的检查，劳保用品等是否符合要求，也监督作业全过程，并对作业结果进行检查，指挥供电。

实操人员原则上要求持有由国家安监局颁发的特种作业电工操作证。若实操人员暂无证书，则实训教师必须在场指导操作，确保人身安全。

2. 检查现场环境，设置隔离栏、警示标识

检查现场操作环境，周边不得有易燃物品及与工作无关的金属物品，并在维修车辆周围设置隔离,无关人员不得进入现场。与工作无关的工具不得带入工作场地,必须使用的金属工具,手持部分要作绝缘处理。在地面或车辆附近明显位置放置_____警示牌。

3. 检查绝缘辅助用具

参照项目三任务1选择、检查正确耐压等级的绝缘鞋、绝缘帽、绝缘手套以及护目镜,放置并检查绝缘垫,确保其绝缘性能。

4. 检查仪器仪表

参照项目三任务2检查仪器仪表,确认万用表、绝缘电阻测试仪外观无破损、功能正常。

5. 关闭车辆电源,钥匙放在安全处

关闭车辆电源,确保点火开关背景灯处于熄灭状态,并将钥匙移开_____探测范围,可将车钥匙锁入_____或由实操人员保管,保证他人无法接触。

6. 断开辅助蓄电池负极连接

断开辅助蓄电池负极电缆,负极电缆接头用_____包好。蓄电池负极桩头用盖子盖好或用绝缘胶布包好。

7. 断开维修开关并妥善保存

一般来说,新能源汽车设置有维修开关,断开维修开关才可对新能源汽车进行维修。断开维修开关后用盖子将接口封好或用绝缘胶布将维修开关接口封好。放置车辆_____min(不同厂家有不同要求),对新能源汽车的高压电容器进行放电。

将维修开关锁入_____安全存放,并在拆除后的相应位置放置"有电危险"警示牌。

8. 断开动力蓄电池高、低压插件

穿戴好绝缘防护品,先断开动力蓄电池_____插件,再断开动力蓄电池_____插件。

9. 验电、放电

断开动力蓄电池高压插件后,需要对动力蓄电池的母线进行验电,测量动力母线正、负极电压应_____;如果母线有残余电荷,需用放电设备进行放电,确保动力蓄电池母线无电。

安全重于泰山,在维修新能源汽车之前一定要采取正确的安全防护措施。一般来说,完成了以上的几个步骤,才可以对新能源汽车高压电气系统进行维修。

当高压电气系统在维护或检修完成后,需由监护人检查确定能否上电。监护人要仔细检查电路是否符合要求,并且检查现场人员是否在安全距离。

【任务计划】

一、个人安全防护基本检查内容

1)检查作业环境是否设置隔离栏及警示标志。

2）检查个人防护绝缘用具的绝缘性能是否良好。

3）检查仪器仪表的外观及功能是否正常。

二、制订新能源汽车高压断电标准操作流程

在教师的指导下，查阅相关资料，小组讨论并制订新能源汽车高压断电标准操作流程。

步骤	作业内容

温馨提示：

1）进入实训车间应穿着工作服、工作鞋，发型应符合要求，不可佩戴手表、钥匙等金属配饰。

2）在新能源汽车全部停电或部分停电的电气设备上工作前，必须完成高压系统断电。

3）在高压系统断电作业前，必须确认车辆钥匙处于 lock 档位并将 12V 电源断开。

4）对电气设备验电前，应先在有电设备上进行试验，确定电器良好。

5）对于大事故车辆或异常车辆（如冒烟、浸水等）要有专用的场地观测 48h，并有防爆防火措施。

【任务决策】

各小组选派代表阐述任务计划，小组间相互讨论、提出不同的看法，教师总结点评，完善方案。

【任务实施】

小组成员合理分工，完成新能源汽车高压断电标准操作任务。

"新能源汽车高压断电标准操作"任务实施表

班级		姓名	
小组成员		组长	
操作员		监护员	
记录员		评分员	

任务实施流程

序号	作业内容	作业具体内容	结果记录	
1	场地准备	检查设置隔离栏	□ 是	□ 否
		检查设置安全警示牌	□ 是	□ 否
		检查灭火器压力、有效期	□ 是	□ 否
		安装车辆挡块	□ 是	□ 否
2	检查防护套装	检查绝缘手套外观、耐压等级	□ 是	□ 否
		检查绝缘手套密封性	□ 是	□ 否
		检查安全帽、护目镜	□ 是	□ 否
		检查是否佩戴金属配饰	□ 是	□ 否
3	检查工具套装	检查数字绝缘测试仪外观	□ 是	□ 否
		数字绝缘测试仪开路检测并确认电阻∞	□ 是	□ 否
		数字绝缘测试仪短路检测并确认电阻小于1Ω	□ 是	□ 否
		4点检测绝缘垫绝缘性,必须佩戴绝缘手套、护目镜	□ 是	□ 否
		检查万用表外观	□ 是	□ 否
		校零万用表确认小于1Ω	□ 是	□ 否
		检查工具箱工具是否缺失	□ 是	□ 否
4	安装车内三件套	正确安装车内三件套	□ 是	□ 否
5	安装车外三件套	正确安装车外三件套	□ 是	□ 否
6	关闭车辆电源	起动开关档位:□ OFF □ ACC □ ON □ OFF		
		起动开关背光灯:□ 亮 □ 熄灭		
		钥匙存放位置:□ 维修技师保管 □ 维修柜内 □ 车辆内部		
7	断开负极连接	断开辅助蓄电池负极连接	□ 是	□ 否
		辅助蓄电池负极电缆绝缘处理:□ 绝缘胶带 □ 绝缘防尘帽		
		辅助蓄电池负极桩头绝缘处理:□ 绝缘胶带 □ 绝缘防尘帽		
8	拆卸维修开关	拆卸维修开关	□ 是	□ 否
		维修开关接口绝缘处理:□ 绝缘胶带 □ 绝缘防尘盖		
		妥善保存维修开关:□ 维修技师保管 □ 维修柜内		
		在拆卸处设置危险警示牌	□ 是	□ 否
		断电等待_____min		
9	拆卸动力蓄电池高、低压插件	平稳举升车辆	□ 是	□ 否
		拆卸动力蓄电池低压插件	□ 是	□ 否
		拆卸动力蓄电池高压插件	□ 是	□ 否

(续)

序号	作业内容	作业具体内容	结果记录
10	验电、放电	测量动力蓄电池正、负极电压： （电源侧）测量值_____ □ 正常 □ 异常 （负载侧）测量值_____ □ 正常 □ 异常	
		放电后，测量动力蓄电池正、负极电压： （负载侧）测量值_____ □ 正常 □ 异常	
11	高压上电	安装维修开关	□ 是 □ 否
		连接动力蓄电池高压插件	□ 是 □ 否
		连接动力蓄电池低压插件	□ 是 □ 否
		连接辅助蓄电池负极	□ 是 □ 否
		起动车辆，READY 灯：□ 亮 □ 熄灭 □ 亮后熄灭	
		故障指示灯：□ 亮 □ 熄灭 □ 亮后熄灭	
		关闭点火开关，确保车辆下电	□ 是 □ 否
12	作业场地恢复	拆卸车内三件套	□ 是 □ 否
		拆卸翼子板布	□ 是 □ 否
		将高压警示牌、车轮挡块等放至原位置	□ 是 □ 否
		清洁、整理场地	□ 是 □ 否

一、小组自检

各小组根据任务实施的记录结果，对本小组的作业内容进行再次确认。

序号	检查项目	检查结果
1	作业场地准备符合要求	□ 是 □ 否
2	高压防护作业符合要求	□ 是 □ 否
3	规范地拆卸维修开关	□ 是 □ 否
4	正确验电、放电	□ 是 □ 否
5	规范地上电	□ 是 □ 否
6	按照 7S 管理规范地恢复	□ 是 □ 否

二、教师检查

教师根据各小组作业完成情况进行质量检查，选择优秀小组成员进行作业情况汇报，针对作业过程中出现的问题提出改进措施与建议。

作业问题及改进措施：

【课后提升】

以吉利 EV450 电动汽车为例，制作高压断电流程思维导图。

【评价反馈】

小组内合理分工，交换操作员、监护员、记录员、评分员角色，完成作业任务后，结合个人、小组在课堂中的实际表现进行总结与反思。

1. 请小组成员完成本次工作任务评分。

"新能源汽车高压断电标准操作"作业评分表

序号	作业内容	评分要点	配分	得分	判罚依据
1	场地准备（2.5 分）	□ 未检查设置隔离栏扣 0.5 分	0.5		
		□ 未设置安全警示牌扣 0.5 分	0.5		
		□ 未检查灭火器压力值扣 0.5 分	0.5		
		□ 未检查灭火器有效期扣 0.5 分	0.5		
		□ 未安装车辆挡块扣 0.5 分	0.5		
2	检查防护套装（3.5 分）	□ 未着工装扣 0.5 分	0.5		
		□ 未检查绝缘手套的外观扣 0.5 分	0.5		
		□ 未检查绝缘手套耐压等级扣 0.5 分	0.5		
		□ 未检查绝缘手套气密性扣 0.5 分	0.5		
		□ 未检查护目镜安全损伤扣 0.5 分	0.5		
		□ 未检查安全帽安全损伤扣 0.5 分；不戴安全帽扣 0.5 分	1		
3	检查工具套装（4.5 分）	□ 未检查数字万用表的外观扣 0.5 分	0.5		
		□ 未检查数字万用表的电阻量程（校零）扣 0.5 分	0.5		
		□ 未检查绝缘电阻测试仪的外观、线束扣 0.5 分	0.5		
		□ 未进行数字绝缘测试仪开路检测并确认电阻无穷大扣 0.5 分	0.5		
		□ 未进行数字绝缘测试仪短路检测并确认电阻小于 1Ω 扣 0.5 分	0.5		
		□ 未选择四点检测绝缘垫绝缘性，少 1 点扣 0.5 分 □ 未佩戴绝缘手套与护目镜不得分	2		
4	安装车内、外三件套（1.5 分）	□ 未安装、撕裂车内三件套不得分	0.5		
		□ 未安装车外三件套扣 0.5 分	0.5		
		□ 作业过程中，车外三件套自行脱落扣 0.5 分	0.5		
5	关闭电源（1 分）	□ 未确认点火开关处于 OFF 档位扣 0.5 分	0.5		
		□ 未将钥匙妥善保存至维修柜内扣 0.5 分	0.5		
6	断开辅助蓄电池负极连接（1.5 分）	□ 未断开辅助蓄电池负极连接扣 0.5 分	0.5		
		□ 未对辅助蓄电池负极电缆做绝缘处理扣 0.5 分	0.5		
		□ 未对辅助蓄电池负极桩头做绝缘处理扣 0.5 分	0.5		

（续）

序号	作业内容	评分要点	配分	得分	判罚依据
7	拆卸手动维修开关（3.5分）	☐ 未正确拆卸维修开关扣1分 ☐ 不佩戴绝缘手套不得分	1		
		☐ 未对维修开关接口做绝缘处理扣0.5分	0.5		
		☐ 未将维修开关保存至维修柜内扣0.5分	0.5		
		☐ 未在维修开关拆卸处设置危险警示牌扣0.5分	0.5		
		☐ 未报告断电等待5min扣0.5分	0.5		
		☐ 高压断电未执行1人操作1人监督扣0.5分	0.5		
8	拆卸动力蓄电池高低压插件（1.5分）	☐ 未确认举升机支撑牢固扣0.5分	0.5		
		☐ 未拆卸动力蓄电池低压插件扣0.5分 ☐ 未拆卸动力蓄电池高压插件扣0.5分 ☐ 拆卸顺序错误不得分	1		
9	验电、放电（5分）	☐ 未测量动力蓄电池正、负极电压（电源侧）扣1分 ☐ 未佩戴绝缘手套不得分	1		
		☐ 未测量动力蓄电池正、负极电压（负载侧）扣1分 ☐ 未佩戴绝缘手套不得分	1		
		☐ 若负载侧有电压，未进行放电处理扣0.5分	0.5		
		☐ 放电后未再次测量动力蓄电池正、负极电压（负载侧）扣0.5分 ☐ 未佩戴绝缘手套不得分	0.5		
		☐ 测量值未记录或记录错误，1次扣0.5分，最多扣1.5分	1.5		
		☐ 万用表使用交流档位测量扣0.5分	0.5		
10	高压上电（3.5分）	☐ 未安装动力蓄电池高压插件扣0.5分 ☐ 未安装动力蓄电池低压插件扣0.5分 ☐ 安装顺序错误不得分	1		
		☐ 未安装维修开关扣1分 ☐ 不佩戴绝缘手套不得分	1		
		☐ 未连接辅助蓄电池负极扣0.5分	0.5		
		☐ 车辆上电前未报告扣0.5分	0.5		
		☐ 未确定READY灯是否亮扣0.5分	0.5		
11	作业场地恢复（2分）	☐ 未拆卸车外三件套扣0.5分	0.5		
		☐ 未拆卸车内三件套扣0.5分	0.5		
		☐ 未移除高压警示标识等放置指定位置的，每项扣0.5分	0.5		
		☐ 未清洁场地扣0.5分	0.5		
12	安全事故	☐ 损伤、损毁车辆、设备或造成人身伤亡的，视情节扣2~20分；特别严重的安全事故不得分			
合计			30		

2. 小组作业中是否存在问题？如果有问题，如何成功解决该问题？

3. 请对个人在本次工作任务中的表现进行总结与反思。

【课堂笔记】

项目四

新能源汽车高压系统的基本检查

【工作情境】

王新是新能源汽车服务站的一名学徒工,经过前期的基础培训,已经能够在高压作业前正确穿戴个人防护用品,检查车间防护用具,规范地使用高压维修工具、设备,接下来王新将在维修技师的引领下,认识站内一批新能源汽车的高压系统。

【学习目标】

1)能够说出新能源汽车各高压部件的功用,就车识别不同车型的高压部件的安装位置,检查其外观。

2)能够辨认不同新能源汽车高压线束的分布,就车识别不同车型的高压线束。

3)能够熟练插拔不同锁止等级的高压插接器。

【工作任务】

任务1　新能源汽车高压系统组成部件的识别与基本检查

任务2　新能源汽车高压线束的识别与基本检查

任务1　新能源汽车高压系统组成部件的识别与基本检查

【任务描述】

在新能源汽车上有很多零部件都带有高压电,这些零部件组成了整车的高压系统。作为一名未来的新能源汽车维修人员,你必须识别不同车型的高压系统组成部件、准确地描述各高压部件的作用,这是执行新能源汽车高压部件拆检任务的必要前提,也是从事新能源汽车行业必备的专业技能。

【任务目标】

1. 发展能力

1）能够总结新能源汽车高压系统的组成部件。

2）能够描述新能源汽车各高压部件的功用。

3）能够说出不同高压部件外部接口的含义。

2. 操作能力

1）能够在作业前做好高压操作安全防护，按照规范完成高压断电操作。

2）能够以小组合作的形式，就车识别高压部件的安装位置，辨认高压部件接口，检查其外观、紧固件是否符合要求。

3. 社会能力

1）在操作过程中准确说出高压部件接口含义及其功用，提升学生的语言表达能力。

2）小组合作、合理分工，共同协作完成工作任务，培养学生的团队合作意识。

3）紧跟行业发展趋势，参考市场保有量，以不同车型展开教学，提升学生的知识迁移能力，同时激发学生对新能源汽车文化的兴趣。

【任务书】

_____是一名新能源汽车维修学员，新能源汽车维修工班_____组接到了识别并检查吉利EV450电动汽车高压系统高压部件的任务，班长根据作业任务对班组人员进行了合理分工，同时强调了高压安全防护工作。_____接到任务后，按照操作注意事项和操作要点对吉利EV450电动汽车高压部件开始初始检查。

【任务分组】

班级		组号		指导教师	
组长		学号			
小组成员	姓名	学号	角色分工		
			监护人员		
			操作人员		
			记录人员		
			评分人员		

【获取信息】

一、吉利EV450电动汽车高压系统的组成

新能源汽车整车电气系统分为高压系统与低压系统。以吉利新能源汽车为例，吉利EV450电动汽车的高压部件主要包括动力蓄电池、高压控制盒、车载充电机、电机控制

器、DC/DC 变换器、PTC 加热器以及电动压缩机。

吉利 EV450 电动汽车整车前机舱布置将_____和_____合为一个部件，简称为_____，实际上就是两个部件功能的组合。_____和_____合为一个部件，简称为_____。

二、高压系统组成部件的功用

1. 动力蓄电池

吉利 EV450 电动汽车采用的是三元锂离子蓄电池，以_____、_____、_____等化合物为正极，以可嵌入锂离子的碳材料为负极，使用有机电解质。动力蓄电池总成安装在车底下部，其组成部件包括蓄电池模组、CSC 采集系统、蓄电池控制单元、蓄电池高压分配单元等。

（1）蓄电池模组

1）单体蓄电池：构成动力蓄电池模块的_____。

2）蓄电池模块：一组_____的蓄电池单体的组合。该组合额定电压与单体蓄电池的额定电压相等，是单体蓄电池在物理结构和电路上连接起来的最小分组，可作为一个单元替换。

3）蓄电池模组：由多个蓄电池模块或单体蓄电池_____成的一个组合体。

> ❓ 解释动力蓄电池连接方式 3P91S、1P100S 的含义。
> _____
> _____

（2）CSC 采集系统　CSC 采集系统用以监测每个蓄电池单体或蓄电池组的_____、_____，将采集到的信息上报蓄电池控制单元（BMU）并根据 BMU 的指令执行单体电压均衡。

（3）电池控制单元（BMU）　安装在动力蓄电池内部，是蓄电池管理系统的核心部件。BMU 将单体电压、温度、电流及_____等信息上报整车控制器（VCU），并根据 VCU 的指令完成对动力蓄电池的控制。

（4）电池高压分配单元（B-BOX）　安装在动力总成的正、负极输出端，由高压正极继电器、高压负极继电器、_____、_____和_____等组成。

2. 车载充电器分线盒

目前市场上常见的新能源汽车前机舱结构越来越简单，体积越来越小，电控集成度越来越高，很多车型的高压系统正逐渐集成化。如图 4-1 所示，吉利 EV450 电动汽车将高压控制盒、车载充电机两个部件合为一个部件，简称为车载充电器分线盒，实际上就是两个部件功能的组合。

①_____

图 4-1　吉利 EV450 电动汽车前机舱——车载充电器分线盒

（1）功用　车载充电器分线盒的作用类似于低压供电系统中的_____，其功能主要包括高压电能的分配、高压回路的过载及短路保护。

1）高压电能的分配。车载充电器分线盒将动力蓄电池总成输送的电能分配给_____、_____、_____ 和_____。此外，交流慢充时，充电电流会经过车载充电器分线盒流入_____ 为其充电。

2）高压回路的过载及短路保护。车载充电器分线盒内部对_____ 回路、_____ 回路、_____ 回路各设有 40A 的熔断器。当上述回路电流超过额定电流时，熔断器会在一定时间内_____，保护相关回路。

（2）外部接口　车载充电器分线盒外部接口如图 4-2 所示，请在方框内填写外部接口名称。

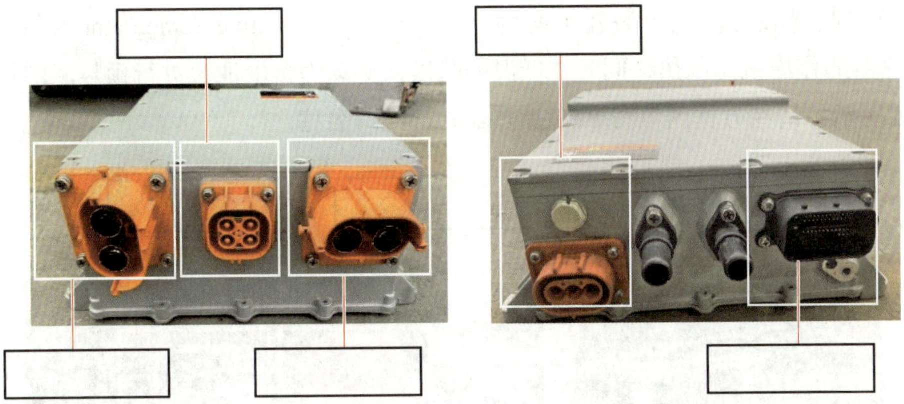

图 4-2　车载充电器分线盒外部接口

3. 电机控制器

吉利 EV450 电动汽车将电机控制器、DC/DC 变换器两个部件合为一个部件，简称为电机控制器，如图 4-3 所示，实际上就是两个部件功能的组合。

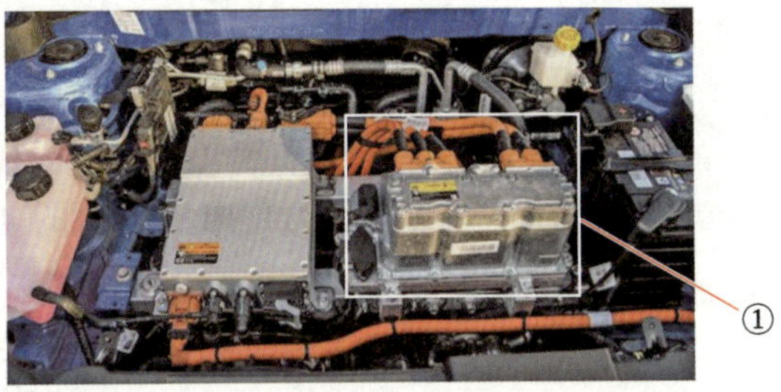

（1）功用

1）电机控制器。电机控制器将动力蓄电池中的_____ 转换为_____ 用以驱动电机，整车控制器（VCU）根据驾驶人意图发出各种指令，电机控制器响应并反馈，采集_____ 信号和_____ 信号，精确地控制驱动电机运行，以实现整车的怠速、前行、倒车、停车、能量回收、驻坡等功能，同时进行状态和故障检测，保护驱动电机系统和整车安全可靠运行。

2）DC/DC 变换器。DC/DC 变换器集成在电机控制器内部，其功能是将动力蓄电池的_____ 转换为_____，给整车低压用电系统供电，同时为_____ 充电。

（2）外部接口　电机控制器外部接口如图 4-4 所示，请在方框内填写外部接口名称。

4. 电动压缩机

传统燃油汽车的压缩机是通过压缩机_____ 的吸合，促使发动机带动压缩机运转。吉利 EV450 电动汽车没有发动机，它的压缩机是通过高压电源直接驱动的。

①_____

图 4-3　吉利 EV450 电动汽车前机舱——电机控制器

图 4-4　电机控制器外部接口

5. PTC 加热器

传统燃油汽车上空调暖风系统的热源是发动机冷却后的冷却液的热量，新能源汽车需要专门的制热装置，这个装置被称为_____（Positive Temperature Coefficient）。PTC 加热器的作用就是制热，同时在低温的时候，对动力蓄电池包进行预热。PTC 加热器如图 4-5 所示，请在方框内填写 PTC 加热器外部接口名称。

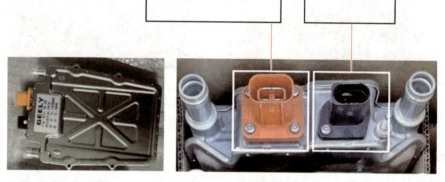

图 4-5　PTC 加热器

6. 驱动电机

由动力蓄电池输出的高压直流电经过车载充电器分线盒后，向电机控制器发出相应的指令，促使驱动电机转动；在汽车进行制动时，驱动电机相当于_____，将发出的电量通过电机控制器进行能量回收，由车载充电器分线盒控制电能回收过程，此时将回收的电能反馈给动力蓄电池，进而达到给动力蓄电池充电的效果，实现馈能作用（表 4-1）。

表 4-1　能量转化形式

能量供给	□ 电能转化为机械能	□ 机械能转化为电能
能量回收	□ 电能转化为机械能	□ 机械能转化为电能

> **知识拓展：**
>
> 目前，市场上的大部分新能源汽车电控集成度都越来越高，我们很难再看到单独的高压部件。北汽 EV200 由于上市时间早，电控集成度低，各高压部件单独布置，北汽 EV200 纯电动汽车整车前机舱布置如图 4-6 所示。

模块二　不带电环境下的高压系统工作

请填写标号所示部件名称：

① _____

② _____

③ _____

④ _____

图 4-6　北汽 EV200 纯电动汽车前机舱

【任务计划】

一、新能源汽车高压部件基本检查内容

1）辨认各高压部件的安装位置。
2）检查各高压部件的外观有无破损、脏污。
3）检查各高压部件各紧固螺栓是否齐全，紧固状态是否良好。

二、制订新能源汽车高压系统组成部件的识别与基本检查流程

在教师的指导下，查阅相关资料，小组讨论并制订新能源汽车高压系统组成部件的识别与基本检查流程。

步骤	作业内容

思考：

新能源汽车高压系统电控集成化有什么优点？

_____
_____
_____
_____
_____
_____

> **温馨提示：**
>
> 1）进入实训车间应穿着工作服、工作鞋，不可佩戴手表、钥匙等金属配饰，以免划伤实训车辆表面。
> 2）在维修作业前，准备并检查必需的基本绝缘安全用具。
> 3）举升作业时必须佩戴好安全帽。
> 4）在接触高压部件前必须完成车辆高压断电操作。
> 5）发现有人触电，应立即切断电源进行抢救，触电者未脱离电源前禁止直接接触。

【任务决策】

各小组选派代表阐述任务计划，小组间相互讨论、提出不同的看法，教师总结点评，完善方案。

【任务实施】

在教师的指导下，小组成员合理分工，完成新能源汽车高压系统组成部件的识别与基本检查任务。

"新能源汽车高压系统组成部件的识别与基本检查"任务实施表

班级		日期	
组号		组长	
操作员		监护员	
记录员		评分员	
任务实施流程			

序号	作业内容	作业具体内容	结果记录
1	场地准备	检查设置隔离栏	□是 □否
		检查设置安全警示牌	□是 □否
		检查灭火器压力、有效期	□是 □否
		安装车辆挡块	□是 □否
2	检查防护套装	检查绝缘手套外观、耐压等级	□是 □否
		检查绝缘手套密封性	□是 □否
		检查安全帽、护目镜	□是 □否
		检查是否佩戴金属配饰	□是 □否
3	检查工具套装	检查数字绝缘测试仪外观	□是 □否
		数字绝缘测试仪开路检测并确认电阻∞	□是 □否
		数字绝缘测试仪短路检测并确认电阻小于1Ω	□是 □否
		4点检测绝缘垫绝缘性（必须佩戴绝缘手套、护目镜）	□是 □否
		万用表外观检查	□是 □否
		万用表校零确认小于1Ω	□是 □否
		检查工具箱工具是否缺失	□是 □否

(续)

序号	作业内容	作业具体内容	结果记录
4	安装车内三件套	正确安装车内三件套	□是　□否
5	安装车外三件套	正确安装车外三件套	□是　□否
6	记录车辆信息	车辆型号：_____　　电机型号：_____ 蓄电池电量：_____　　工作电压：_____ 车辆识别码：_____	
7	高压断电	断开辅助蓄电池负极连接	□是　□否
		断开动力蓄电池低压插件	□是　□否
		断开动力蓄电池高压插件	□是　□否
		断电等待5min	□是　□否
		验电、放电	□是　□否
8	前机舱高压部件识别与基本检查	辨认车载充电器分线盒安装位置	□是　□否
		检查车载充电器分线盒外观　□良好　□脏污　□破损	
		检查车载充电器分线盒紧固件　□良好　□缺失　□松动	
		说出车载充电器分线盒接口含义	□是　□否
		说出车载充电器分线盒的功用	□是　□否
		辨认电机控制器安装位置	□是　□否
		检查电机控制器外观　□良好　□脏污　□破损	
		检查电机控制器紧固件　□良好　□缺失　□松动	
		说出电机控制器接口含义	□是　□否
		说出电机控制器的功用	□是　□否
		辨认PTC加热器安装位置	□是　□否
		检查PTC加热器外观　□良好　□脏污　□破损	
		检查PTC加热器紧固件　□良好　□缺失　□松动	
		说出PTC加热器接口含义	□是　□否
		说出PTC加热器的功用	□是　□否
9	底盘高压部件识别与基本检查	辨认动力蓄电池安装位置	□是　□否
		检查动力蓄电池箱体外观　□良好　□脏污　□破损	
		检查动力蓄电池箱体紧固件　□良好　□缺失　□松动	
		说出动力蓄电池总成的组成部件	□是　□否
		辨认驱动电机安装位置	□是　□否
		检查驱动电机外观　□良好　□脏污　□破损	
		检查驱动电机紧固件　□良好　□缺失　□松动	
		说出驱动电机的功用	□是　□否
		辨认电动压缩机安装位置	□是　□否
		检查电动压缩机外观　□良好　□脏污　□破损	
		检查电动压缩机紧固件　□良好　□缺失　□松动	
		说出电动压缩机的功用	□是　□否

(续)

序号	作业内容	作业具体内容	结果记录
10	高压上电	连接动力蓄电池高、低压插件	□是 □否
		连接辅助蓄电池负极	□是 □否
		起动车辆,检查READY灯是否亮	□是 □否
		关闭点火开关,确保车辆下电	□是 □否
11	作业场地恢复	拆卸车内三件套	□是 □否
		拆卸翼子板布	□是 □否
		将高压警示牌、车轮挡块等放至原位置	□是 □否
		清洁、整理场地	□是 □否

【质量检查】

一、小组自检

各小组根据任务实施的记录结果,对本小组的作业内容进行再次确认。

序号	检查项目	检查结果
1	作业前规范地做好场地准备	□是 □否
2	作业前规范地检查、准备防护用具套装	□是 □否
3	作业前规范地检查工具	□是 □否
4	作业前规范地完成高压断电操作	□是 □否
5	正确识别并检查前机舱高压部件,说出接口名称及功用	□是 □否
6	正确识别并检查底盘高压部件,说出接口名称及功用	□是 □否
7	按照7S管理规范恢复车辆及场地	□是 □否

二、教师检查

教师根据各小组作业完成情况进行质量检查,选择优秀小组成员进行作业情况汇报,针对作业过程中出现的问题提出改进措施与建议。

作业问题及改进措施:

_____

_____

_____

【课后提升】

吉利EV450电动汽车是吉利EV300电动汽车的升级款,不论是在设计理念、制造工艺还是产品性能上都有着优异的表现，给我们带来了强烈的民族自豪感。请大家以小组为单位，结合学习平台资料，自主查阅网络资料，分析吉利 EV300 电动汽车与吉利 EV450 电动汽车高压部件的区别，制作 PPT 并上传至学习平台。

【评价反馈】

小组内合理分工，交换操作员、监护员、记录员、评分员角色，完成作业任务后，结合个人、小组在课堂中的实际表现进行总结与反思。

1. 请小组成员完成本次工作任务评分。

"新能源汽车高压系统组成部件的识别与基本检查"作业评分表

序号	作业内容	评分要点	配分	得分	判罚依据
1	场地准备 （2.5 分）	□ 未检查设置隔离栏扣 0.5 分	0.5		
		□ 未设置安全警示牌扣 0.5 分	0.5		
		□ 未检查灭火器压力值扣 0.5 分	0.5		
		□ 未检查灭火器有效期扣 0.5 分	0.5		
		□ 未安装车辆挡块扣 0.5 分	0.5		
2	检查防护套装（4.5 分）	□ 未着工装扣 1 分	1		
		□ 未检查绝缘手套的外观扣 0.5 分	0.5		
		□ 未检查绝缘手套耐压等级扣 0.5 分	0.5		
		□ 未检查绝缘手套气密性扣 1 分	1		
		□ 未检查护目镜安全损伤扣 0.5 分	0.5		
		□ 未检查安全帽安全损伤扣 0.5 分；不戴安全帽扣 0.5 分	1		
3	检查工具套装（6 分）	□ 未检查数字万用表的外观扣 0.5 分	0.5		
		□ 未检查数字万用表的电阻量程（校零）扣 1 分	1		
		□ 未检查绝缘电阻测试仪的外观、线束扣 0.5 分	0.5		
3	检查工具套装（6 分）	□ 未进行数字绝缘测试仪开路检测并确认电阻无穷大扣 1 分	1		
		□ 未进行数字绝缘测试仪短路检测并确认电阻小于 1Ω 扣 1 分	1		
		□ 未选择 4 点检测绝缘垫绝缘性，少 1 点扣 0.5 分 □ 未佩戴绝缘手套与护目镜不得分	2		
4	安装车内、外三件套（2 分）	□ 未安装、撕裂车内三件套不得分	1		
		□ 未安装车外三件套扣 0.5 分	0.5		
		□ 作业过程中，车外三件套自行脱落扣 0.5 分	0.5		
5	记录车辆信息（2 分）	□ 正确记录车辆型号、车辆识别码、电机型号、工作电压，漏记、记错 1 项扣 0.5 分	2		

(续)

序号	作业内容	评分要点	配分	得分	判罚依据
6	高压断电 （4分）	☐ 未断开辅助蓄电池负极连接扣 0.5 分	0.5		
		☐ 断开辅助蓄电池负极连接时未做防护扣 0.5 分	0.5		
		☐ 未报告断电等待 5min 扣 0.5 分	0.5		
		☐ 未正确拆卸动力蓄电池低压插件扣 0.5 分 ☐ 未正确拆卸动力蓄电池高压插件扣 0.5 分 ☐ 不佩戴绝缘手套不得分 ☐ 拆卸顺序错误不得分	1		
		☐ 未正确验电、放电扣 1 分	1		
		☐ 高压断电未执行 1 人操作 1 人监督扣 0.5 分	0.5		
7	前机舱高压 部件识别与 基本检查 （14分）	☐ 未正确辨认高压控制盒安装位置扣 1 分	1		
		☐ 未检查车载充电器分线盒外观扣 0.5 分 ☐ 未佩戴绝缘手套不得分	0.5		
		☐ 未检查车载充电器分线盒紧固件扣 0.5 分 ☐ 未佩戴绝缘手套不得分	0.5		
		☐ 未准确说出车载充电器分线盒接口含义扣 1 分，少说或说错 1 项扣 0.5 分	1		
		☐ 未准确说出车载充电器分线盒功用扣 2 分，少说或说错 1 项扣 1 分	2		
		☐ 未正确辨认电机控制器安装位置扣 1 分	1		
		☐ 未检查电机控制器外观扣 0.5 分 ☐ 未佩戴绝缘手套不得分	0.5		
		☐ 未检查电机控制器紧固件扣 0.5 分 ☐ 未佩戴绝缘手套不得分	0.5		
		☐ 未准确说出电机控制器接口名称扣 1 分，少说或说错 1 项扣 0.5 分	1		
		☐ 未准确说出电机控制器功用扣 2 分，少说或说错 1 项扣 1 分	2		
		☐ 未正确辨认 PTC 加热器安装位置扣 1 分	1		
		☐ 未检查 PTC 加热器外观扣 0.5 分 ☐ 未佩戴绝缘手套不得分	0.5		
		☐ 未检查 PTC 加热器紧固件扣 0.5 分 ☐ 未佩戴绝缘手套不得分	0.5		
		☐ 未准确说出 PTC 加热器接口名称扣 1 分，少说或说错 1 项扣 0.5 分	1		
		☐ 未准确说出 PTC 加热器功用扣 1 分	1		

（续）

序号	作业内容	评分要点	配分	得分	判罚依据
8	底盘高压部件识别与基本检查（9分）	☐ 未确认举升机支撑牢固扣0.5分	0.5		
		☐ 未正确辨认动力蓄电池的安装位置扣0.5分	0.5		
		☐ 未检查动力蓄电池箱体外观扣0.5分 ☐ 未佩戴绝缘手套不得分	0.5		
		☐ 未检查动力蓄电池箱体紧固件扣0.5分 ☐ 未佩戴绝缘手套不得分	0.5		
		☐ 未说出动力蓄电池总成的组成部件扣2分，少说或说错1项扣0.5分	2		
		☐ 未正确辨认驱动电机安装位置扣0.5分	0.5		
		☐ 未检查驱动电机外观扣0.5分 ☐ 未佩戴绝缘手套不得分	0.5		
		☐ 未检查驱动电机紧固件扣0.5分 ☐ 未佩戴绝缘手套不得分	0.5		
		☐ 未说出驱动电机功用扣1分	1		
		☐ 未正确辨认电动压缩机安装位置扣0.5分	0.5		
		☐ 未检查电动压缩机外观扣0.5分 ☐ 未佩戴绝缘手套不得分	0.5		
		☐ 未检查电动压缩机紧固件扣0.5分 ☐ 未佩戴绝缘手套不得分	0.5		
		☐ 未准确说出电动压缩机功用扣1分	1		
9	车辆上电（4分）	☐ 未正确安装动力蓄电池高压插件扣0.5分 ☐ 未正确安装动力蓄电池低压插件扣0.5分 ☐ 未佩戴绝缘手套不得分 ☐ 拆卸顺序错误不得分	1		
		☐ 未连接辅助蓄电池负极扣0.5分	0.5		
		☐ 车辆上电前未报告扣0.5分	0.5		
		☐ 未确定READY灯是否亮扣0.5分	1		
		☐ 未执行高压1人操作1人监督扣1分	1		
10	作业场地恢复（2分）	☐ 未拆卸车外三件套的扣0.5分	0.5		
		☐ 未拆卸车内三件套扣0.5分	0.5		
		☐ 未移除高压警示标识等放置指定位置的，每项扣0.5分	0.5		
		☐ 未清洁场地扣0.5分	0.5		
11	安全事故	☐ 损伤、损毁车辆、设备或造成人身伤亡的，视情节扣2~20分；特别严重的安全事故不得分			
	合计		50		

2. 小组作业中是否存在问题？如果有问题，如何成功解决该问题？

3. 请对个人在本次工作任务中的表现进行总结与反思。

【课堂笔记】

任务 2　新能源汽车高压线束的识别与基本检查

【任务描述】

在传统燃油汽车中，汽车电气系统各个部件通过线束相连，但新能源汽车既有低压线束也有高压线束，高压线束是高压电的传输媒介，是整车性能和安全的关键零部件之一。作为一名未来的新能源汽车维修人员，你必须了解高压线束的设计要求，识别不同车型的高压线束分布，这是执行新能源汽车高压线束拆检任务的必要前提，也是从事新能源汽车行业必备的专业技能。

【任务目标】

1. 发展能力

1）能够说出新能源汽车高压线束的设计要求。

2）能够解释新能源汽车高压线束高压插接器各个脚位的含义。

3）能够绘制不同车型高压系统的高压线束分布图。

2. 操作能力

1）能够在作业前做好高压操作安全防护，按照规范完成高压断电操作。

2）能够熟练插拔不同锁止等级的高压插接器，说出插接器引脚的含义。

3）能够以小组合作的形式，就车识别高压线束的安装位置，检查其外观是否符合要求。

3. 社会能力

1）在操作过程中说出高压插接器引脚含义，提升学生的语言表达能力。

2）规范插拔不同锁止等级的高压插接器，培养学生严谨细致的职业素养。

3）课后提升环节以不同车型巩固知识点，提升学生知识迁移能力。

【任务书】

_____是一名新能源汽车维修学员，新能源汽车维修工班_____组接到了识别并检查吉利 EV450 电动汽车高压线束的任务，班长根据作业任务对班组人员进行了合理分工，同时强调了高压安全防护工作。_____接到任务后，按照操作注意事项和操作要点对吉利 EV450 电动汽车高压线束开始初始检查。

【任务分组】

班级		组号		指导教师	
组长		学号			
小组成员	姓名	学号	角色分工		
			监护人员		
			操作人员		
			记录人员		
			评分人员		

一、高压线束的设计要求

1. 高压线束的结构

新能源汽车高压线束相较于传统燃油汽车线束而言，其基本组成部分大致上是相同的。一根合格的高压线束由导体、绝缘、护套、屏蔽、铝箔、包带、填充物等组成，如图4-7所示。其与普通线束的主要区别在于线束的绝缘性、耐压性以及自屏蔽性等方面。

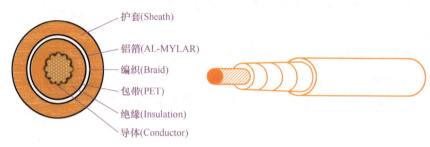

图4-7 高压线束的结构

（1）耐压性 新能源汽车动力蓄电池额定电压通常在300V以上，甚至某些车辆的动力蓄电池电压达到600V以上，要求高压线束组件的绝缘材料具有更高的耐电压能力。

（2）绝缘性 高压线束绝缘层应紧密包覆在_____上，可容易地从导体上剥离且不损伤导体。绝缘层应通过浸水50Hz的交流耐电压试验而不被击穿，同时应具有良好的耐高低温性、耐电弧性、耐漏电痕迹性。

（3）自屏蔽性 新能源汽车运行时，反复变化的电器负荷与系统中大量采用的变频技术会造成线束电压、电流和频率的剧烈波动，产生较大的_____。高压线束为避免自身产生的电磁干扰影响到其他部件，采用了带有屏蔽功能的线缆。

第1代高压插接器

第2代高压插接器

第3代高压插接器

第4代高压插接器

图4-8 高压插接器

2. 高压插接器

高压插接器的作用是保证线缆与用电设备能够便捷可靠地_____与_____。在新能源汽车高压系统中，往往会用到大量的高压插接器。目前，国内新能源汽车高压插接器的发展已经经历图4-8所示的4代。

二、吉利EV450电动汽车高压线束的分布

以吉利EV450电动汽车为例，整车共分为6段高压线束，分别是动力蓄电池高压线束、_____、_____、_____、_____和_____。吉

利 EV450 电动汽车整车高压线束分布如图 4-9 所示，请在对应的位置填写线束名称。

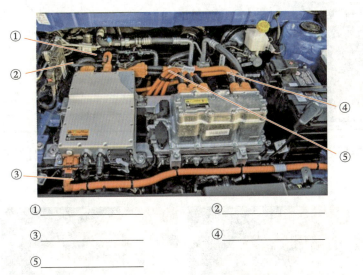

① _____ ② _____
③ _____ ④ _____
⑤ _____

图 4-9　吉利 EV450 电动汽车前机舱高压线束

1. 动力蓄电池线束

（1）位置　连接 _____ 到 _____ 之间的线束。

（2）线束引脚定义

位置	接车载充电器分线盒侧
引脚定义	① _____ ② _____ ③ _____

（3）插接器插拔方法　如图 4-10 所示，向上推动插接器卡扣保险，将插接器把手向上轻轻提起，两侧轻微晃动向外拔出插接器；安装时，将插接器垂直对准插座轻按，然后将把手向下轻按到位或听到轻微"咔嚓"声，向下推动卡扣保险到位。

图 4-10　动力蓄电池线束插接器（车载充电器分线盒侧）

2. 电机控制器线束

（1）位置　连接 _____ 到 _____ 之间的线束。

（2）线束引脚定义

位置	接车载充电器分线盒侧
引脚定义	① _____ ② _____ ③ _____

（3）插接器插拔方法　同动力蓄电池线束插接器（接车载充电器分线盒侧），如图4-11所示。

图 4-11　电机控制器线束插接器（车载充电器分线盒侧）

3. 慢充线束

（1）位置　连接_____到_____之间的线束。

（2）线束引脚定义

位置	接车载充电器分线盒侧
引脚定义	PE：_____ L：_____ N：_____

（3）慢充口（图4-12）

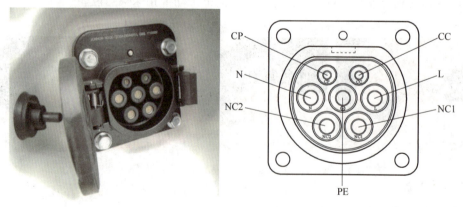

图 4-12　吉利 EV450 电动汽车慢充口

CC：_____　　CP：_____　　NC1_____

L：_____　　N：_____　　PE：_____　　NC2_____

（4）插接器插拔方法　如图4-13所示，首先将绿色锁舌轻轻向后拉出，然后按压锁舌上部卡扣同时向外拉出一段距离，最后按住插接器顶部锁扣并均匀左右用力向后拉出。

图4-13　慢充线束插接器（车载充电器分线盒侧）

4. 快充线束

（1）位置　连接＿＿＿＿＿＿＿＿到＿＿＿＿＿＿＿＿之间的线束。

（2）快充口（图4-14）

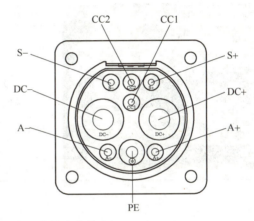

图4-14　吉利EV450电动汽车快充口

DC+：＿＿＿＿＿　　DC-：＿＿＿＿＿　　PE：＿＿＿＿＿

A-：＿＿＿＿＿　　A+：＿＿＿＿＿　　S+：＿＿＿＿＿

CC1：＿＿＿＿＿　　CC2：＿＿＿＿＿　　S-：＿＿＿＿＿

5. 高压附件线束

（1）位置　连接＿＿＿＿＿＿到＿＿＿＿＿＿、＿＿＿＿＿＿之间的线束。

（2）线束引脚定义

	位置	接车载充电器分线盒侧
	引脚定义	① ＿＿＿＿＿＿＿＿＿＿＿＿ ② ＿＿＿＿＿＿＿＿＿＿＿＿ ③ ＿＿＿＿＿＿＿＿＿＿＿＿ ④ ＿＿＿＿＿＿＿＿＿＿＿＿ ⑤ 互锁端子

（3）插接器插拔方法　如图 4-15 所示，首先将红色锁舌轻轻向后拉出，然后按压锁舌上部卡扣均匀左右用力向后拉出。

图 4-15　高压附件线束插接器（车载充电器分线盒侧）

6. 驱动电机三相线束

（1）位置　连接 ＿＿＿＿＿＿＿＿＿＿ 到 ＿＿＿＿＿＿＿＿＿＿ 之间的线束。

（2）线束引脚定义

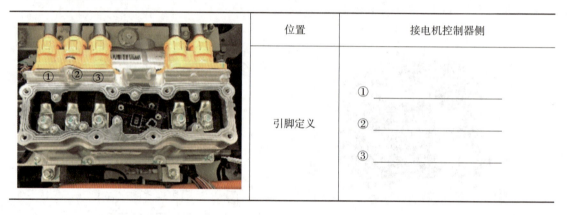

位置	接电机控制器侧
引脚定义	① ＿＿＿＿＿＿＿＿＿＿ ② ＿＿＿＿＿＿＿＿＿＿ ③ ＿＿＿＿＿＿＿＿＿＿

三、整车高压线束分布图

请结合所学知识，完善吉利 EV450 电动汽车高压线束分布简图（见图 4-16）。→ 表示动力蓄电池放电高压线束，→ 表示动力蓄电池充电高压线束。

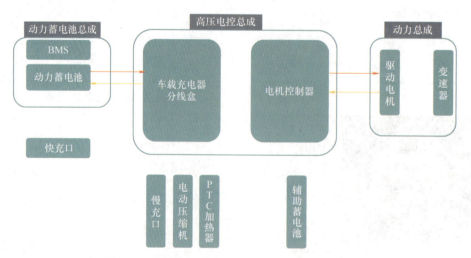

图 4-16　吉利 EV450 电动汽车高压线束分布简图

知识拓展：

在上一学习任务中，我们认知了北汽 EV200 电动汽车的高压部件，高压部件布置位置不同，其高压线束分布也不同。北汽 EV200 电动汽车高压线束分布如图 4-17 所示，请填写标号处线束名称。

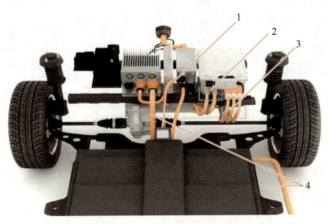

图 4-17 北汽 EV200 电动汽车高压线束分布

1— _____　　2— _____

3— _____　　4— _____

结合本任务所学知识，请同学们举一反三，完善北汽 EV200 电动汽车高压线束分布简图（见图 4-18）。

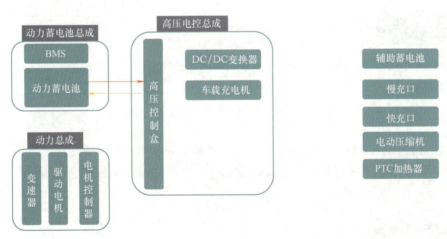

图 4-18 北汽 EV200 电动汽车高压线束分布简图

【任务计划】

一、新能源汽车高压线束基本检查内容

1）辨认各高压线束的分布位置。

2）检查各高压线束的外观有无破损、脏污。

3）检查高压插接器外观有无破损、脏污。

二、制订新能源汽车高压线束的识别与基本检查流程

在教师的指导下，查阅相关资料，小组讨论并制订新能源汽车高压线束的识别与基本检查流程。

步骤	作业内容

> **温馨提示：**
>
> 1）进入实训车间应穿着工作服、工作鞋，不可佩戴手表、钥匙等金属配饰，以免划伤实训车辆表面。
> 2）在维修作业前，准备并检查必需的基本绝缘安全用具。
> 3）举升作业时，必须佩戴好安全帽。
> 4）在接触高压部件、高压线束前，必须完成车辆高压断电操作。
> 5）发现有人触电，应立即切断电源进行抢救，触电者未脱离电源前禁止直接接触。

【任务决策】

各小组选派代表阐述任务计划，小组间相互讨论、提出不同的看法，教师总结点评，完善方案。

【任务实施】

在教师的指导下完成分组，小组成员合理分工，完成新能源汽车高压线束的识别与基本检查任务。

"新能源汽车高压线束的识别与基本检查"任务实施表

班级		姓名	
小组成员		组长	
操作员		监护员	
记录员		评分员	

任务实施流程

序号	作业内容	作业具体内容	结果记录	
1	场地准备	检查设置隔离栏	□ 是	□ 否
		检查设置安全警示牌	□ 是	□ 否
		检查灭火器压力、有效期	□ 是	□ 否
		安装车辆挡块	□ 是	□ 否
2	检查防护套装	检查绝缘手套外观、耐压等级	□ 是	□ 否
		检查绝缘手套密封性	□ 是	□ 否
		检查安全帽、护目镜	□ 是	□ 否
		检查是否佩戴金属配饰	□ 是	□ 否
3	检查工具套装	检查数字绝缘测试仪外观	□ 是	□ 否
		数字绝缘测试仪开路检测并确认电阻∞	□ 是	□ 否
		数字绝缘测试仪短路检测并确认电阻小于1Ω	□ 是	□ 否
		4点检测绝缘垫绝缘性(必须佩戴绝缘手套、护目镜)	□ 是	□ 否
		检查万用表外观	□ 是	□ 否
		校零万用表确认小于1Ω	□ 是、	□ 否
		检查工具箱工具是否缺失	□ 是	□ 否
4	安装车内三件套	正确安装车内三件套	□ 是	□ 否
5	安装车外三件套	正确安装车外三件套	□ 是	□ 否
6	记录车辆信息	车辆型号：_____ 电机型号：_____ 蓄电池电量：_____ 工作电压：_____ 车辆识别码：_____		
7	高压断电	断开辅助蓄电池负极连接	□ 是	□ 否
		断开动力蓄电池低压插件	□ 是	□ 否
		断开动力蓄电池高压插件	□ 是	□ 否
		断电等待5min	□ 是	□ 否
		验电、放电	□ 是	□ 否
8	高压线束识别与基本检查	辨认动力蓄电池线束安装位置	□ 是	□ 否
		检查动力蓄电池线束外观　□ 良好　□ 脏污　□ 破损		
		拆卸动力蓄电池线束分线盒端插接器	□ 是	□ 否
		说出动力蓄电池线束分线盒端插接器引脚含义	□ 是	□ 否
		辨认电机控制器线束安装位置	□ 是	□ 否
		检查电机控制器线束外观　□ 良好　□ 脏污　□ 破损		
		拆卸电机控制器线束分线盒端插接器	□ 是	□ 否
		说出电机控制器线束分线盒端插接器引脚含义	□ 是	□ 否

(续)

序号	作业内容	作业具体内容	结果记录
8	高压线束识别与基本检查	辨认慢充线束安装位置	□是 □否
		检查慢充线束外观　□良好　□脏污　□破损	
		拆卸慢充线束分线盒端插接器	□是 □否
		说出慢充线束分线盒端插接器引脚含义	□是 □否
		辨认高压附件线束安装位置	□是 □否
		检查高压附件线束外观　□良好　□脏污　□破损	
		拆卸高压附件线束分线盒端插接器	□是 □否
		说出高压附件线束分线盒端插接器引脚含义	□是 □否
		安装高压附件线束分线盒端插接器	□是 □否
		安装慢充线束分线盒端插接器	□是 □否
		安装电机控制器线束分线盒端插接器	□是 □否
		安装动力蓄电池线束分线盒端插接器	□是 □否
9	高压上电	连接动力蓄电池高、低压插件	□是 □否
		连接辅助蓄电池负极	□是 □否
		起动车辆，检查 READY 灯是否亮	□是 □否
		关闭点火开关，确保车辆下电	□是 □否
10	作业场地恢复	拆卸车内三件套	□是 □否
		拆卸翼子板布	□是 □否
		将高压警示牌、车轮挡块等放至原位置	□是 □否
		清洁、整理场地	□是 □否

【质量检查】

一、小组自检

各小组根据任务实施的记录结果，对本小组的作业内容进行再次确认。

序号	检查项目	检查结果
1	作业前规范地做好场地准备	□是 □否
2	作业前规范地检查、准备防护用具套装	□是 □否
3	作业前规范地检查工具	□是 □否
4	作业前规范地完成高压断电操作	□是 □否
5	正确识别并检查高压线束	□是 □否
6	正确拆卸高压插接器，说出引脚含义	□是 □否
7	正确安装高压插接器	□是 □否
8	按照 7S 管理规范地恢复车辆及场地	□是 □否

二、教师检查

教师根据各小组作业完成情况进行质量检查，选择优秀小组成员进行作业情况汇报，针对作业过程中出现的问题提出改进措施与建议。

作业问题及改进措施：

_____

_____

【课后提升】

目前，市场上新能源汽车因制造厂家不同，其高压系统组成部件的集成方式也不同，从而高压线束的分布也不同。我们在课堂上学习了吉利 EV450 电动汽车高压线束的分布，请同学们查阅资料，以小组为单位绘制吉利 EV300 电动汽车高压线束分布图。

【评价反馈】

小组内合理分工，交换操作员、监护员、记录员、评分员角色，完成作业任务后，结合个人、小组在课堂中的实际表现进行总结与反思。

1. 请小组成员完成本次工作任务评分。

"新能源汽车高压线束的识别与基本检查"作业评分表

序号	作业内容	评分要点	配分	得分	判罚依据
1	场地准备（2.5分）	□ 未检查设置隔离栏扣 0.5 分	0.5		
		□ 未设置安全警示牌扣 0.5 分	0.5		
		□ 未检查灭火器压力值扣 0.5 分	0.5		
		□ 未检查灭火器有效期扣 0.5 分	0.5		
		□ 未安装车辆挡块扣 0.5 分	0.5		
2	检查防护套装（4.5分）	□ 未着工装扣 1 分	1		
		□ 未检查绝缘手套的外观扣 0.5 分	0.5		
		□ 未检查绝缘手套耐压等级扣 0.5 分	0.5		
		□ 未检查绝缘手套气密性扣 1 分	1		
		□ 未检查护目镜安全损伤扣 0.5 分	0.5		
		□ 未检查安全帽安全损伤扣 0.5 分 □ 不戴安全帽扣 0.5 分	1		
3	检查工具套装（6分）	□ 未检查数字万用表的外观扣 0.5 分	0.5		
		□ 未检查数字万用表的电阻量程（校零）扣 1 分	1		
		□ 未检查绝缘电阻测试仪的外观、线束扣 0.5 分	0.5		
		□ 未进行数字绝缘测试仪开路检测并确认电阻无穷大扣 1 分	1		
		□ 未进行数字绝缘测试仪短路检测并确认电阻小于 1Ω 扣 1 分	1		
		□ 未选择四点检测绝缘垫绝缘性，少 1 点扣 0.5 分 □ 未佩戴绝缘手套与护目镜不得分	2		

(续)

序号	作业内容	评分要点	配分	得分	判罚依据
4	安装车内、外三件套（2分）	☐ 未安装、撕裂车内三件套不得分	1		
		☐ 未安装车外三件套扣0.5分	0.5		
		☐ 作业过程中，车外三件套自行脱落扣0.5分	0.5		
5	记录车辆信息（2分）	☐ 正确记录车辆型号、车辆识别码、电机型号、工作电压，漏记、记错1项扣0.5分	2		
6	高压断电（3分）	☐ 未断开辅助蓄电池负极连接扣0.5分	0.5		
		☐ 断开辅助蓄电池负极连接时未做防护扣0.5分	0.5		
		☐ 未报告断电等待5min扣0.5分	0.5		
		☐ 未正确拆卸动力蓄电池低压插件扣0.5分 ☐ 未正确拆卸动力蓄电池高压插件扣0.5分 ☐ 不佩戴绝缘手套不得分 ☐ 拆卸顺序错误不得分	1		
		☐ 未正确验电、放电扣1分	1		
		☐ 高压断电未执行1人操作1人监督扣0.5分	0.5		
7	高压线束的识别与基本检查（24分）	☐ 未正确辨认动力蓄电池线束位置扣1分	1		
		☐ 未检查动力蓄电池线束外观扣1分 ☐ 未佩戴绝缘手套不得分	1		
		☐ 未正确拆卸动力蓄电池线束分线盒端插接器扣1分 ☐ 未佩戴绝缘手套不得分	1		
		☐ 未准确说出动力蓄电池线束分线盒端插接器引脚含义扣2分，少说或说错1个扣0.5分	2		
		☐ 未正确辨认电机控制器线束位置扣1分	1		
		☐ 未检查电机控制器线束外观扣1分 ☐ 未佩戴绝缘手套不得分	1		
		☐ 未正确拆卸电机控制器线束分线盒端插接器扣1分 ☐ 未佩戴绝缘手套不得分	1		
		☐ 未准确说出电机控制器线束分线盒端插接器引脚含义扣2分，少说或说错1个扣0.5分	2		
		☐ 未正确辨认慢充线束位置扣1分	1		
		☐ 未检查慢充线束外观扣1分 ☐ 未佩戴绝缘手套不得分	1		
		☐ 未正确拆卸慢充线束分线盒端插接器扣1分 ☐ 未佩戴绝缘手套不得分	1		
		☐ 未准确说出慢充线束分线盒端插接器引脚含义扣2分，少说或说错1个扣0.5分	2		
		☐ 未正确辨认高压附件线束位置扣1分	1		
		☐ 未检查高压附件线束外观扣1分 ☐ 未佩戴绝缘手套不得分	1		
		☐ 未正确拆卸高压附件线束分线盒端插接器扣1分 ☐ 未佩戴绝缘手套不得分	1		
		☐ 未准确说出高压附件线束分线盒端插接器引脚含义扣2分，少说或说错1个扣0.5分	2		

(续)

序号	作业内容	评分要点	配分	得分	判罚依据
7	高压线束的识别与基本检查（24分）	☐ 未正确安装高压附件线束分线盒端插接器扣1分	**1**		
		☐ 未正确安装慢充线束分线盒端插接器扣1分	1		
		☐ 未正确安装电机控制器线束分线盒端插接器扣1分	1		
		☐ 未正确安装动力蓄电池线束分线盒端插接器扣1分	1		
8	车辆上电（4分）	☐ 未正确安装动力蓄电池高压插件扣0.5分 ☐ 未正确安装动力蓄电池低压插件扣0.5分 ☐ 不佩戴绝缘手套不得分 ☐ 拆卸顺序错误不得分	1		
		☐ 未连接辅助蓄电池负极扣0.5分	0.5		
		☐ 车辆上电前未报告扣0.5分	0.5		
		☐ 未确定READY灯是否亮扣0.5分	1		
		☐ 未执行高压1人操作1人监督扣1分	1		
9	作业场地恢复（2分）	☐ 未拆卸车外三件套的扣0.5分	0.5		
		☐ 未拆卸车内三件套扣0.5分	0.5		
		☐ 未移除高压警示标识等放置指定位置的，每项扣0.5分	0.5		
		☐ 未清洁场地扣0.5分	0.5		
10	安全事故	☐ 损伤、损毁车辆、设备或造成人身伤亡的，视情节扣2~20分；特别严重的安全事故不得分			
		合计	50		

2. 小组作业中是否存在问题？如果有问题，如何成功解决该问题？

3. 请对个人在本次工作任务中的表现进行总结与反思。

【课堂笔记】

项目五

新能源汽车高压系统的安全检测

【工作情境】

王新是新能源汽车维修站的一名学徒工,经过前期的培训学习,已经认识了站内一批新能源汽车的高压系统,接下来王新将学习这批新能源汽车高压系统的安全检测方法,完成对高压线束、高压部件的绝缘检测,对新能源汽车高压互锁回路进行验证。

【学习目标】

1)能够查阅维修手册,规范地拆装新能源汽车高压线束并检测其绝缘性。
2)能够查阅维修手册,规范地拆装新能源汽车高压部件并检测其绝缘性。
3)能够制订新能源汽车绝缘故障诊断流程,规范地排查新能源汽车绝缘故障。
4)能够查阅维修手册,绘制高压互锁线路示意图,完成高压互锁回路实车验证。

【工作任务】

任务 1 新能源汽车高压线束的安全拆装与检测
任务 2 新能源汽车高压部件的安全拆装与检测
任务 3 新能源汽车绝缘故障排查
任务 4 新能源汽车高压互锁回路验证

任务 1 新能源汽车高压线束的安全拆装与检测

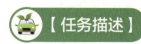

【任务描述】

新能源汽车高压线束是新能源汽车高压系统的"神经网络",连接所有的高压电子零部件、传递电力与数据,对新能源汽车极为重要。因此,高压线束的安全性设计是有一定要求的,作为一名未来的新能源汽车维修人员,你必须了解高压线束的设计要求,规范地对高压线束进行拆装与检测。

【任务目标】

1. 发展能力

1)能够描述国家标准中对高压线束的安全要求。

2)能够总结新能源汽车高压线束的绝缘检测方法。

2. 操作能力

1)能够在作业前做好高压操作安全防护,以小组合作的形式,查阅维修手册、规范地拆卸吉利EV450电动汽车电机控制器高压线束。

2)能够在作业过程中立即对拆卸的高压线束进行绝缘包扎防护。

3)正确选用检测工具测量高压线束的导通性、绝缘性,记录并判断是否存在故障。

4)能查阅维修手册,规范地安装吉利EV450电动汽车电机控制器高压线束,并验证车辆上电状态。

3. 社会能力

1)通过查阅维修手册,提升学生快速检索资料的能力。

2)通过高压线束的拆装与检测,让学生树立安全第一的意识。

3)操作过程中学生互评、相互纠错,培养学生精益求精的工匠精神。

【任务书】

_____是一名新能源汽车维修学员,新能源汽车维修工班_____组接到了拆检吉利EV450电动汽车电机控制器高压线束的任务,班长根据作业任务对班组人员进行了合理分工,同时强调了安全工作。_____接到任务后,按照操作注意事项和操作要点对吉利EV450电动汽车电机控制器高压线束进行拆装与检测。

【获取信息】

一、高压线束的设计要求

1. 高压线束的结构

新能源汽车高压线束相较于传统汽车线束而言,其基本组成部分大致上是相同的。一根合格的高压线束由内部导体、绝缘、护套、屏蔽、铝箔、包带、填充物等组成,如图5-1所示。

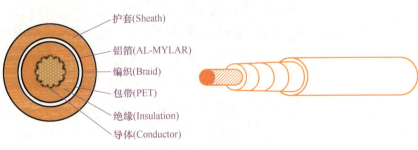

图5-1 高压线束的结构

(1)导体 导体应采用裸软圆铜线或镀锡软圆铜线绞合而成,如图5-2所示。

(2)绝缘层 绝缘层应紧密地包覆在_____上并能从导体上轻松剥离且不损

伤导体，如图5-3所示。

TR型电工圆铜线

TXR型镀锡圆铜线

图5-2 高压线束导体

图5-3 高压线束绝缘层

（3）屏蔽层　屏蔽层应采用裸铜丝或镀锡铜丝编织而成，编织密度应不小于85%。编织屏蔽层外（或内）允许添加铝塑复合薄膜包带，包带的重叠率应不小于20%。铝塑复合薄膜包带无论在内侧或外侧，其铝层都应和编织层接触并导通，如图5-4所示。

（4）护套层　护套层应与缆芯接触紧密并能从缆芯上轻松剥离且不损伤绝缘层和屏蔽层。允许在护套层和屏蔽层之间添加隔离物，如图5-5所示。

图5-4 高压线束屏蔽层

图5-5 高压线束护套层

2. 高压线束的特点

高压线束与传统汽车线束的主要区别在线束的绝缘性、耐压性以及自屏蔽性等方面。

（1）高电压　新能源汽车普遍工作在B级电压范围，根据GB 18384—2020中对B级电压的规定为AC＿＿＿＿＿＿或DC＿＿＿＿＿＿。因此，要求高压线束需要满足60~1500V的工作电压范围要求。

（2）大电流　新能源汽车高压线束作为主要的能源传输通道，需要承受较大的电流，直流母线额定工作电流都能够达到200A以上。

（3）耐热性　由于高压线束长时间通过大电流，因而功率很大，由焦耳效应产生很高的热量，因此高压线束的导线耐温一般都达到125℃，端子耐温一般都达到140℃。

（4）绝缘性　根据SAE J1742，绝缘电阻测试电压为DC 1000V，在线束与所连接部件脱开的情况下，线束对车体绝缘电阻在任何情况下均应大于＿＿＿＿＿＿MΩ。

（5）自屏蔽性　新能源汽车运行时，反复变化的电器负荷与系统中大量采用的变频技术，造成线束电压、电流和频率的剧烈波动，产生较大的＿＿＿＿＿＿。高压线束为避免自身产生的电磁干扰影响到其他部件，而采用带有＿＿＿＿＿＿功能的线缆。

3. 高压线束的维护

《纯电动汽车维护、检测、诊断技术规范》（JT/T 1344—2020）规定应对高压线束、高压插接器进行维护，维护内容主要包括以下几方面，维护示意图如图5-6所示。

图 5-6　高压线束的维护

1）检查线束表面、线束绝缘层应无老化、破损且无裸露。

2）检查高压插接器表面是否存在积尘或杂物，对存在积尘或杂物的，应使用风枪或毛刷进行清洁。

3）检查线束的固定情况，线束应固定可靠、无脱落。

4）检查高压插接器的固定情况，高压插接器应锁紧可靠。

4. 高压线束的安全检测

1）车辆用高压线束需要具备耐老化、高阻燃性、耐磨损等性能，不得出现裂痕、导体暴露等故障。

2）在各高压线束外观状态良好的前提下，需要保证其内部线路的导通和绝缘性能良好。

如图 5-7 所示，吉利 EV450 电动汽车电机控制器线束高压插接器（分线盒端）绝缘检测中，绝缘电阻测试仪的黑表笔接于_____，红表笔逐个测量高压插接器的_____，绝缘阻值要满足新能源汽车绝缘标准。

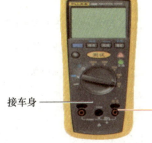

接车身

图 5-7　高压线束绝缘检测

二、吉利 EV450 电动汽车高压线束的拆装与检测

1. 准备工作

参照项目三任务四进行高压断电处理，关闭钥匙开关，断开辅助蓄电池负极连接，拆卸维修开关，拔下动力蓄电池高低压插件，并做好绝缘防护。

2. 吉利 EV450 电动汽车电机控制器线束的拆卸

1）正确选用工具，_____拆卸电机控制器高压部件盖板 8 个固定螺栓，取下电机控制器盖板，如图 5-8 所示。

2）拆卸电机控制器高压线束插接器（电机控制器侧）两个固定螺栓①，如图 5-9 所示。

3）拆卸电机控制器高压线束端子（电机控制器侧）两个固定螺栓②，如图 5-9 所示。

4）取下电机控制器高压线束插接器（电机控制器侧）。

扫一扫

电机控制器线束的拆装

图 5-8　拆卸电机控制器盖板

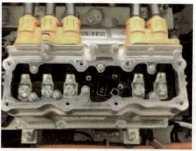
图 5-9　拆卸电机控制器高压线束固定螺栓

5）使用_____将高压线束裸露的金属部分做好绝缘防护，取出电机控制器高压线束，如图 5-10 所示。

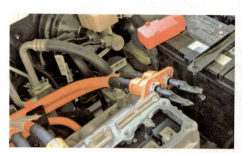

图 5-10　电机控制器高压线束绝缘防护

3. 吉利 EV450 电动汽车电机控制器线束的安全检测

1）线束外观检查：□ 正常 □ 脏污 □ 破损。

2）线束导通性测试：使用万用表测量电机控制器高压线束两侧 1 至 1′ 的电阻值，如图 5-11 所示，标准值小于 1Ω；测量电机控制器高压线束两侧 2 至 2′ 的电阻值，标准值小于 1Ω。

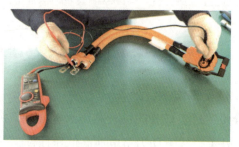

图 5-11　电机控制器高压线束导通性测试

3）线束绝缘性测试：将绝缘电阻测试仪量程选至_____，测量电机控制器高压线束 1 至线束外壳绝缘电阻值，如图 5-12 所示，标准值_____；测量电机控制器高压线束 2 至线束外壳绝缘电阻值，标准值_____；测量电机控制器高压线束 1′ 至线束外壳绝缘电阻值，标准值_____；测量电机控制器高压线束 2′ 至线束外壳绝缘电阻值，标准值_____。

4. 吉利 EV450 电动汽车电机控制器线束的安装

1）连接电机控制器线束，紧固高压线束（电机控制器侧）两个固定螺栓①；查阅维修手册，螺栓紧固力矩为_____。

图 5-12　电机控制器线束绝缘性检测

2）紧固高压线束端子（电机控制器侧）两个固定螺栓②；查阅维修手册，螺栓紧固力矩为_____。

3）放置电机控制器盖板，紧固电机控制器上盖 8 个固定螺栓；查阅维修手册，螺栓紧固力矩为_____。

4）安装电机控制器高压线束插接器（分线盒侧），如图 5-13 所示。

5）连接直流母线，如图 5-14 所示。

6）连接动力蓄电池高、低压插件，连接辅助蓄电池负极。

 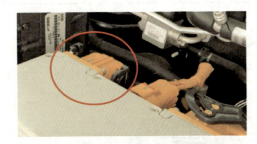

图 5-13　安装电机控制器高压线束插接器（分线盒侧）　　图 5-14　连接直流母线

5. 车辆上电检验

车辆上电，检验 READY 灯是否正常亮，使用诊断仪读取故障码。

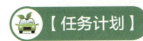【任务计划】

一、吉利 EV450 电动汽车电机控制器高压线束拆装注意事项

1）进入实训车间应穿着工作服、工作鞋，留符合安全要求的发型，并且不佩戴首饰。

2）在维修作业前，准备并检查必需的基本绝缘安全用具。

3）举升作业时，必须佩戴好安全帽。

4）在接触高压线束、部件前，必须完成车辆高压断电操作。

5）发现有人触电时，应立即切断电源进行抢救，触电者未脱离电源前禁止直接接触。

二、制订吉利 EV450 电动汽车电机控制器线束拆装与检测流程

在教师的指导下，查阅相关资料，小组讨论并制订新能源汽车电机控制器线束拆装与检测操作流程。

步骤	作业内容

【任务决策】

各小组选派代表阐述任务计划，小组间相互讨论、提出不同的看法，教师总结点评，完善方案。

【任务实施】

在教师的指导下完成分组，小组成员合理分工，完成吉利 EV450 电动汽车电机控制器线束的安全拆装与检测任务。

"吉利 EV450 电动汽车电机控制器线束的安全拆装与检测"任务实施表

班级		姓名	
小组成员		组长	
操作员		监护员	
记录员		评分员	

任务实施流程			
序号	作业内容	作业具体内容	结果记录
1	场地准备	检查设置隔离栏	□是 □否
		检查设置安全警示牌	□是 □否
		检查灭火器压力、有效期	□是 □否
		安装车辆挡块	□是 □否
2	检查防护套装	检查绝缘手套外观、耐压等级	□是 □否
		检查绝缘手套密封性	□是 □否

（续）

序号	作业内容	作业具体内容	结果记录
2	检查防护套装	检查安全帽、护目镜	□是　□否
		检查是否佩戴金属配饰	□是　□否
3	检查工具套装	数字绝缘测试仪外观检查	□是　□否
		数字绝缘测试仪开路检测并确认电阻∞	□是　□否
		数字绝缘测试仪短路检测并确认电阻小于1Ω	□是　□否
		4点检测绝缘垫绝缘性（必须佩戴绝缘手套、护目镜）	□是　□否
		万用表外观检查	□是　□否
		万用表校零确认小于1Ω	□是　□否
		检查工具箱工具是否缺失	□是　□否
4	安装车内、外三件套	正确安装车内三件套	□是　□否
		正确安装车外三件套	□是　□否
5	记录车辆信息	车辆型号：_____　电机型号：_____ 蓄电池电量：_____　工作电压：_____ 车辆识别码：_____	
6	高压断电	断开辅助蓄电池负极连接	□是　□否
		断开动力蓄电池低压插件	□是　□否
		断开动力蓄电池高压插件	□是　□否
		断电等待5min	□是　□否
		验电、放电	□是　□否
7	电机控制器线束的拆卸	拆卸电机控制器盖板固定螺栓	□是　□否
		拆卸电机控制器高压线束固定螺栓	□是　□否
		拆卸电机控制器高压线束端子固定螺栓	□是　□否
		使用绝缘胶带为高压线束金属部分做好防护	□是　□否
		拆卸电机控制器高压线束插接器	□是　□否
		取下电机控制器高压线束	□是　□否
8	电机控制器线束的安全检测	检查电机控制器线束外观	□是　□否
		测量电机控制器线束1至1'电阻值： 测量值：_____　标准值：_____	□正常　□异常
		测量电机控制器线束2至2'电阻值： 测量值：_____　标准值：_____	□正常　□异常
		测量电机控制器线束1至线束外壳绝缘电阻值：测量值：_____　标准值：_____	□正常　□异常
		测量电机控制器线束2至线束外壳绝缘电阻值：测量值：_____　标准值：_____	□正常　□异常
		测量电机控制器线束1'至线束外壳绝缘电阻值：测量值：_____　标准值：_____	□正常　□异常
		测量电机控制器线束2'至线束外壳绝缘电阻值：测量值：_____　标准值：_____	□正常　□异常

(续)

序号	作业内容	作业具体内容	结果记录
9	电机控制器线束的安装	紧固电机控制器高压线束两个固定螺栓（电机控制器内侧），紧固力矩_____	
		紧固电机控制器高压线束两个固定螺栓（电机控制器外侧），紧固力矩_____	
		紧固电机控制器盖板 8 个固定螺栓，紧固力矩_____	
		连接电机控制器高压线束插接器	□是 □否
		连接直流母线	□是 □否
10	高压上电	连接动力蓄电池高、低压插件	□是 □否
		连接辅助蓄电池负极	□是 □否
		起动车辆，检查 READY 灯是否亮	□是 □否
		关闭点火开关，确保车辆下电	□是 □否
11	作业场地恢复	拆卸车内三件套	□是 □否
		拆卸翼子板布	□是 □否
		将高压警示牌、车轮挡块等放至原位置	□是 □否
		清洁、整理场地	□是 □否

一、小组自检

各小组根据任务实施的记录结果，对本小组的作业内容进行再次确认。

序号	检查项目	检查结果
1	作业前规范地做好场地准备	□是 □否
2	作业前规范地检查、准备防护用具套装	□是 □否
3	作业前规范地检查工具	□是 □否
4	作业前规范地完成高压断电操作	□是 □否
5	正确选用工具，规范地拆卸电机控制器高压线束	□是 □否
6	正确检测电机控制器高压线束导通性、绝缘性	□是 □否
7	查阅维修手册，按照标准力矩安装高压线束	□是 □否
8	按照 7S 管理规范恢复车辆及场地	□是 □否

二、教师检查

教师根据各小组作业完成情况进行质量检查，选择优秀小组成员进行作业情况汇报，针对作业过程中出现的问题提出改进措施与建议。

作业问题及改进措施：

【课后提升】

高压线束的拆装与检测需要查阅维修手册、严格按照规范进行操作，为了提高同学们的规范、安全意识，请同学们登录教学平台，观看吉利 EV450 电动汽车交流充电高压线束的拆装与检测视频，利用思维导图软件制作拆检流程。

【评价反馈】

小组内合理分工，交换操作员、监护员、记录员、评分员角色，完成作业任务后，结合个人、小组在课堂中的实际表现进行总结与反思。

1. 请小组成员完成本次工作任务评分。

"吉利 EV450 电动汽车电机控制器线束的安全拆装与检测"作业评分表

序号	作业内容	评分要点	配分	得分	判罚依据
1	场地准备（2.5 分）	□ 未检查设置隔离栏扣 0.5 分	0.5		
		□ 未设置安全警示牌扣 0.5 分	0.5		
		□ 未检查灭火器压力值扣 0.5 分	0.5		
		□ 未检查灭火器有效期扣 0.5 分	0.5		
		□ 未安装车辆挡块扣 0.5 分	0.5		
2	检查防护套装（3 分）	□ 未着工装扣 0.5 分	0.5		
		□ 未检查绝缘手套的外观扣 0.5 分	0.5		
		□ 未检查绝缘手套耐压等级扣 0.5 分	0.5		
		□ 未检查绝缘手套气密性扣 0.5 分	0.5		
		□ 未检查护目镜安全损伤扣 0.5 分	0.5		
		□ 未检查安全帽安全损伤扣 0.5 分	0.5		
3	检查工具套装（3.5 分）	□ 未检查数字万用表的外观扣 0.5 分	0.5		
		□ 未检查数字万用表的电阻量程（校零）扣 0.5 分	0.5		
		□ 未检查绝缘电阻测试仪的外观、线束扣 0.5 分	0.5		
		□ 未进行数字绝缘测试仪开路检测并确认电阻无穷大扣 0.5 分	0.5		
		□ 未进行数字绝缘测试仪短路检测并确认电阻小于 1Ω 扣 0.5 分	0.5		
		□ 未选择 4 点检测绝缘垫绝缘性，少 1 点扣 0.5 分，未佩戴绝缘手套与护目镜不得分	1		
4	安装车内、外三件套（1.5 分）	□ 正确安装车内三件套，未安装、撕裂三件套不得分	0.5		
		□ 未正确安装车外三件套扣 0.5 分	0.5		
		□ 作业过程中，车外三件套自行脱落扣 0.5 分	0.5		
5	记录车辆信息（1 分）	□ 正确记录车辆型号、车辆识别码、电机型号、工作电压，漏记、记错 1 项扣 0.5 分	1		

（续）

序号	作业内容	评分要点	配分	得分	判罚依据
6	高压断电 （4分）	□ 未断开辅助蓄电池负极连接扣0.5分	0.5		
		□ 断开辅助蓄电池负极连接时未做防护扣0.5分	0.5		
		□ 未报告断电等待5min扣0.5分	0.5		
		□ 未正确拆卸动力蓄电池低压插件扣0.5分 □ 未正确拆卸动力蓄电池高压插件扣0.5分 □ 不佩戴绝缘手套不得分 □ 拆卸顺序错误不得分	1		
		□ 未正确验电、放电扣1分	1		
		□ 高压断电未执行1人操作1人监督扣0.5分	0.5		
7	电机控制器高压 线束的拆卸 （6分）	□ 未按对角拆卸电机控制器盖板固定螺栓扣1分（教师提醒）	1		
		□ 未正确拆卸电机控制器线束固定螺栓扣1分	1		
		□ 未正确拆卸电机控制器线束端子固定螺栓扣1分	1		
		□ 未使用绝缘胶带为线束金属部分做好防护扣1分	1		
		□ 未正确拆卸电机控制器线束插接器扣1分	1		
		□ 未佩戴绝缘手套取下电机控制器线束扣1分	1		
8	电机控制器高压 线束的安全检测 （8分）	□ 未检查电机控制器线束外观扣1分	1		
		□ 未使用万用表测量、检查电机控制器线束，测量电机控制器线束1至1'电阻值扣1分	1		
		□ 使用万用表前未校零扣0.5分	0.5		
		□ 未使用万用表测量、检查电机控制器线束，测量电机控制器线束2至2'电阻值扣1分	1		
		□ 未使用绝缘电阻测试仪测量电机控制器线束1至线束外壳绝缘电阻值扣1分	1		
		□ 未使用绝缘电阻测试仪测量电机控制器线束2至线束外壳绝缘电阻值扣1分	1		
		□ 未使用绝缘电阻测试仪测量电机控制器线束1'至线束外壳绝缘电阻值扣1分	1		
		□ 未使用绝缘电阻测试仪测量电机控制器线束2'至线束外壳绝缘电阻值扣1分	1		
		□ 绝缘电阻测试仪量程选择错误扣1分	0.5		
9	电机控制器高压 线束的安装 （5.5分）	□ 未正确紧固电机控制器高压线束两个固定螺栓（电机控制器内侧）扣1分	1		
		□ 未将紧固力矩设置为23N·m扣0.5分	0.5		
		□ 未正确紧固电机控制器高压线束两个固定螺栓（电机控制器外侧）扣1分	1		
		□ 未将紧固力矩设置为7N·m扣0.5分	0.5		
		□ 未按对角紧固电机控制器盖板8个固定螺栓扣1分	1		

(续)

序号	作业内容	评分要点	配分	得分	判罚依据
9	电机控制器高压线束的安装（5.5分）	☐ 未将紧固力矩设置为9N·m扣0.5分	0.5		
		☐ 未正确连接电机控制器高压线束插接器扣0.5分 ☐ 未正确连接直流母线扣0.5分	1		
10	车辆上电（3分）	☐ 未正确安装动力蓄电池高压插件扣0.5分 ☐ 未正确安装动力蓄电池低压插件扣0.5分 ☐ 不佩戴绝缘手套不得分 ☐ 拆卸顺序错误不得分	1		
		☐ 未连接辅助蓄电池负极扣0.5分	0.5		
		☐ 车辆上电前未报告扣0.5分	0.5		
		☐ 未确定READY灯是否亮扣0.5分	0.5		
		☐ 未执行高压1人操作1人监督扣1分	0.5		
11	作业场地恢复（2分）	☐ 未拆卸车外三件套的扣0.5分	0.5		
		☐ 未拆卸车内三件套扣0.5分	0.5		
		☐ 未移除高压警示标识等放置指定位置的，每项扣0.5分	0.5		
		☐ 未清洁场地扣0.5分	0.5		
12	安全事故	☐ 损伤、损毁车辆、设备或造成人身伤亡的，视情节扣2~20分；特别严重的安全事故不得分			
	合计		40		

2. 小组作业中是否存在问题？如果有问题，如何成功解决该问题？

3. 请对个人在本次工作任务中的表现进行总结与反思。

【课堂笔记】

任务 2　新能源汽车高压部件的安全拆装与检测

【任务描述】

汽车低压系统为车辆的中央控制器和灯光、刮水器等提供电能，车用低电压系统技术成熟、安全可靠；新能源汽车高压系统工作电压一般在直流 300V 以上，对高压部件的绝缘性能提出了更高的要求。作为一名新能源汽车维修人员，实时、定量地检测高压部件的电气绝缘性能，从而保证乘员安全、车辆电气设备正常工作和车辆安全运行。

【任务目标】

1. 发展能力

1）能够说出新能源汽车高压部件绝缘检测的意义。

2）能够总结新能源汽车高压部件绝缘检测方法。

2. 操作能力

1）能够在作业前做好高压操作安全防护，以小组合作的形式，查阅维修手册，规范拆卸吉利 EV450 电动汽车电机控制器。

2）能够正确选用检测工具测量吉利 EV450 电动汽车电机控制器的绝缘性，记录并判断是否存在故障。

3）能够查阅维修手册并规范地安装吉利 EV450 电动汽车电机控制器、验证车辆上电状态。

3. 社会能力

1）通过查阅维修手册，提升学生快速检索资料的能力。

2）通过高压部件的拆装与检测，树立学生的职业规范性。

3）实践操作中学生互评、相互纠错，提升学生自我反思、总结的能力。

【任务书】

＿＿＿＿＿＿＿＿＿＿是一名新能源汽车维修学员，新能源汽车维修工班＿＿＿＿＿＿＿＿＿＿组接到了拆检吉利 EV450 电动汽车电机控制器的任务，班长根据作业任务对班组人员进行了合理分工，同时强调了安全工作。＿＿＿＿＿＿＿＿＿＿接到任务后，按照操作注意事项和操作要点对吉利 EV450 电动汽车电机控制器进行拆装与检测。

【获取信息】

一、吉利 EV450 电动汽车电机控制器的拆卸与检测

1）参照项目三任务四进行高压断电处理，关闭钥匙开关，断开辅助蓄电池负极连接，

拆卸维修开关，拔下动力蓄电池高、低压插件，并做好绝缘防护。

2）拆卸电机冷却液膨胀水箱上盖，如图 5-15 所示。

3）举升车辆，使用鲤鱼钳拆卸散热器_____，将电机冷却液放置于专用装置内；放置完毕后，安装散热器水管，如图 5-16 所示。

4）下降举升机，使用 TX30 花型旋具套筒工具拆卸电机控制器上盖 8 个固定螺栓，螺栓拆卸顺序为由外向内交叉拆卸。拆完固定螺栓后，拆卸电机控制器上盖，如图 5-17 所示。

图 5-15　吉利 EV450 电动汽车电机冷却液膨胀水箱上盖

图 5-16　吉利 EV450 电动汽车散热器水管

图 5-17　拆卸电机控制器上盖

5）使用 TX30 花型旋具套筒工具拆卸驱动电机三相线束插接器、电机控制器高压线束插接器固定螺栓，如图 5-18 所示。

图 5-18　拆卸插接器固定螺栓

6）使用中号 10mm 内六角套筒工具拆卸驱动电机三相线束 3 个固定螺栓、电机控制器高压线束两个固定螺栓，如图 5-19 所示。

① 电机控制器线束、驱动电机三相线束断路检测。将绝缘电阻测试仪量程选至_____，测量电机控制器驱动电机三相线束 U 脚与车身接地绝缘电阻值，标准值_____；测量电机控制器驱动电机三相线束 V 脚与车身接地绝缘电阻值，标准值_____；测量电机控制器驱动电机三相线束 W 脚与车身接地壳体绝缘电阻

值，标准值_____；测量电机控制器高压线束正极与车身接地绝缘电阻值，标准值_____；测量电机控制器高压线束负极与车身接地绝缘电阻值，标准值_____。

图 5-19　拆卸高压线束固定螺栓

② 电机控制器接地电阻检查。将接地电阻测试仪量程选至_____，测量电机控制器接地线束 1 接地电阻值，标准值_____；测量电机控制器接地线束 2 接地电阻值，标准值_____。

7）取出驱动电机三相线束、电机控制器高压线束，如图 5-20 所示，立即对脱开的高压线束进行_____。

图 5-20　取出高压线束

8）拆卸电机控制器低压插接器；取下电机控制器搭铁防尘盖，使用中号 13mm 内六角套筒工具拆卸电机控制器搭铁固定螺母，脱开_____线束，如图 5-21 所示。

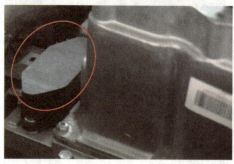

图 5-21　脱开搭铁线束

9）使用卡簧钳工具拆卸电机控制器进水管、出水管。注意：水管脱开前在车辆底部放置容器，接住防冻液，以免污染地面，如图 5-22 所示。

10）使用中号 10mm 内六角套筒工具对角拆卸电机控制器 4 个固定螺栓，取下电机控制器总成，如图 5-23 所示。

图 5-22 脱开水管

图 5-23 拆卸电机控制器固定螺栓

二、吉利 EV450 电动汽车电机控制器的安装与检测

1）电机控制器外观检查：□ 正常 □ 脏污 □ 破损。

2）电机控制器绝缘性检查。将绝缘电阻测试仪量程选至_____，测量电机控制器驱动电机三相线束 U 脚与电机控制器壳体绝缘电阻值，标准值_____；测量电机控制器驱动电机三相线束 V 脚与电机控制器壳体绝缘电阻值，标准值_____；测量电机控制器驱动电机三相线束 W 脚与电机控制器壳体绝缘电阻值，标准值_____；测量电机控制器高压线束正极与电机控制器壳体绝缘电阻值，标准值_____；测量电机控制器高压线束负极与电机控制器壳体绝缘电阻值，标准值_____。

3）将电机控制器正确放置在固定底座。

4）紧固电机控制器 4 个固定螺栓，查阅维修手册，紧固力矩为_____。

5）连接电机控制器进水管、出水管。

6）连接两根搭铁线，盖上防尘盖。

7）紧固驱动电机三相线束 3 个固定螺栓、电机控制器高压线束 2 个固定螺栓，查阅维修手册，紧固力矩为_____。

8）紧固驱动电机三相线束插接器 3 个固定螺栓、电机控制器高压插接器线束 2 个固定螺栓，查阅维修手册，紧固力矩为_____。

驱动电机三相线束绕组短路检查，接地电阻测试仪选择电阻 20Ω，测量三相线束 U 脚 -V 脚电阻，以实测值为准；测量三相线束 V 脚 -W 脚电阻，以实测值为准；测量三相线束 W 脚 -U 脚电阻，以实测值为准。

9）安装电机控制器上盖，紧固电机控制器上盖 8 个螺栓，查阅维修手册，紧固力矩为_____。

10）连接电机控制器低压插件。

11）加注电机控制器冷却液至合适液位。

12）连接直流母线。

13）连接动力蓄电池高压、低压插接器。

14）连接辅助蓄电池负极。

三、车辆上电检验

车辆上电，检验 READY 灯是否正常亮，使用诊断仪读取故障码。

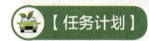【任务计划】

一、吉利 EV450 电动汽车电机控制器拆装注意事项

1）进入实训车间应穿着工作服、工作鞋，留符合安全要求的发型，并且不佩戴首饰。
2）在维修作业前，准备并检查必需的基本绝缘安全用具。
3）举升作业时，必须佩戴好安全帽。
4）在接触高压线束、部件前，必须完成车辆高压断电操作。
5）发现有人触电，应立即切断电源进行抢救，未脱离电源前禁止直接接触触电者。

二、制订吉利 EV450 电动汽车电机控制器拆装与检测流程

在教师的指导下，查阅相关资料，小组讨论并制订新能源汽车电机控制器拆装与检测操作流程。

步骤	作业内容

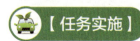【任务决策】

各小组选派代表阐述任务计划，小组间相互讨论、提出不同的看法，教师总结点评，完善方案。

【任务实施】

在教师的指导下完成分组，小组成员合理分工，完成吉利 EV450 电动汽车电机控制器的安全拆装与检测任务。

"吉利 EV450 电动汽车电机控制器的安全拆装与检测"任务实施表

班级		姓名	
小组成员		组长	
操作员		监护员	
记录员		评分员	

任务实施流程

序号	作业内容	作业具体内容	结果记录	
1	场地准备	检查设置隔离栏	□ 是	□ 否
		检查设置安全警示牌	□ 是	□ 否
		检查灭火器压力、有效期	□ 是	□ 否
		安装车辆挡块	□ 是	□ 否
2	检查防护套装	检查绝缘手套外观、耐压等级	□ 是	□ 否
		检查绝缘手套密封性	□ 是	□ 否
		检查安全帽、护目镜	□ 是	□ 否
		检查是否佩戴金属配饰	□ 是	□ 否
3	检查工具套装	检查数字绝缘测试仪外观	□ 是	□ 否
		检测数字绝缘测试仪开路并确认电阻∞	□ 是	□ 否
		检测数字绝缘测试仪短路并确认电阻小于1Ω	□ 是	□ 否
		4点检测绝缘垫绝缘性（必须佩戴绝缘手套、护目镜）	□ 是	□ 否
		检查万用表外观	□ 是	□ 否
		校零万用表，确认小于1Ω	□ 是	□ 否
		检查工具箱工具是否缺失	□ 是	□ 否
4	安装车内、外三件套	正确安装车内三件套	□ 是	□ 否
		正确安装车外三件套	□ 是	□ 否
5	记录车辆信息	车辆型号：_____ 电机型号：_____ 蓄电池电量：_____ 工作电压：_____ 车辆识别码：_____		
6	高压断电	断开辅助蓄电池负极连接	□ 是	□ 否
		断开动力蓄电池低压插件	□ 是	□ 否
		断开动力蓄电池高压插件	□ 是	□ 否
		断电等待5min	□ 是	□ 否
		验电、放电	□ 是	□ 否
7	电机控制器的拆卸与检测	拆卸电机冷却液膨胀水箱上盖	□ 是	□ 否
		举升车辆，拆卸散热器出水管，将电机冷却液放置专用装置	□ 是	□ 否
		安装散热器水管	□ 是	□ 否
		下降举升机，拆卸电机控制器上盖固定螺栓	□ 是	□ 否
		拆卸驱动电机三相线束插接器固定螺栓	□ 是	□ 否
		拆卸电机控制器线束插接器固定螺栓	□ 是	□ 否

(续)

序号	作业内容	作业具体内容	结果记录	
7	电机控制器的拆卸与检测	拆卸驱动电机三相线束固定螺栓	□ 是	□ 否
		拆卸电机控制器线束固定螺栓	□ 是	□ 否
		驱动电机三相线束断路检查，绝缘测试仪选择电压 _____ ① U 脚与车身接地绝缘电阻值：测量值：_____ 标准值：_____ ② V 脚与车身接地绝缘电阻值：测量值：_____ 标准值：_____ ③ W 脚与车身接地绝缘电阻值：测量值：_____ 标准值：_____		
		电机控制器高压线束断路检查，绝缘测试仪选择电压 _____ ① 正极与车身接地绝缘电阻值：测量值：_____ 标准值：_____ ② 负极与车身接地绝缘电阻值：测量值：_____ 标准值：_____		
		电机控制器接地电阻检查，接地电阻测试仪选择电阻 _____ ① 接地线束 1 接地电阻值：测量值：_____ 标准值：_____ ② 接地线束 2 接地电阻值：测量值：_____ 标准值：_____		
		拆卸电机控制器低压插接器	□ 是	□ 否
		拆卸电机控制器搭铁线束	□ 是	□ 否
		拆卸电机控制器进水管、出水管	□ 是	□ 否
		拆卸电机控制器 4 个固定螺栓	□ 是	□ 否
		取下电机控制器至工作台	□ 是	□ 否
		电机控制器绝缘性检查，绝缘测试仪选择电压 _____ ① U 脚与壳体绝缘电阻值：测量值：_____ 标准值：_____ ② V 脚与壳体绝缘电阻值：测量值：_____ 标准值：_____ ③ W 脚与壳体绝缘电阻值：测量值：_____ 标准值：_____ ④ 正极与壳体绝缘电阻值：测量值：_____ 标准值：_____ ⑤ 负极与壳体绝缘电阻值：测量值：_____ 标准值：_____		
8	电机控制器的安装与检测	紧固电机控制器 4 个固定螺栓，紧固力矩 _____		
		连接电机控制器进水管、出水管	□ 是	□ 否
		连接两根搭铁线束	□ 是	□ 否
		紧固驱动电机三相线束 3 个固定螺栓，紧固力矩 _____		
		紧固驱动电机三相线束接插器 3 个固定螺栓，紧固力矩 _____		
		紧固电机控制器线束 2 个固定螺栓，紧固力矩 _____		
		紧固电机控制器线束接插器 2 个固定螺栓，紧固力矩 _____		
		驱动电机三相线束短路检查，接地电阻测试仪选择电阻 _____ ① U 脚 -V 脚电阻值：测量值：_____ 标准值：_____ ② V 脚 -W 脚电阻值：测量值：_____ 标准值：_____ ③ W 脚 -U 脚电阻值：测量值：_____ 标准值：_____		
		紧固电机控制器上盖 8 个螺栓，紧固力矩 _____		
		连接电机控制器低压插件	□ 是	□ 否
		加注电机控制器冷却液	□ 是	□ 否
		连接直流母线	□ 是	□ 否
9	高压上电	连接动力蓄电池高、低压插件	□ 是	□ 否
		连接辅助蓄电池负极	□ 是	□ 否
		READY 指示灯：□ 亮 □ 未亮 □ 亮后熄灭		

模块二　不带电环境下的高压系统工作

（续）

序号	作业内容	作业具体内容	结果记录
9	高压上电	故障指示灯：□ 亮　　□ 未亮　　□ 亮后熄灭	
		连接诊断仪，读取故障码：□ 有 DTC　　□ 无 DTC	
		关闭点火开关，确保车辆下电	□ 是　　□ 否
10	作业场地恢复	拆卸车内三件套	□ 是　　□ 否
		拆卸翼子板布	□ 是　　□ 否
		将高压警示牌、车轮挡块等放至原位置	□ 是　　□ 否
		清洁、整理场地	□ 是　　□ 否

【质量检查】

一、小组自检

各小组根据任务实施的记录结果，对本小组的作业内容进行再次确认。

序号	检查项目	检查结果
1	作业前规范地做好场地准备	□ 是　　□ 否
2	作业前规范地检查、准备防护用具套装、工具套装	□ 是　　□ 否
3	作业前规范地完成高压断电操作	□ 是　　□ 否
4	正确选用工具，规范拆卸电机控制器	□ 是　　□ 否
5	正确检测电机控制器绝缘性	□ 是　　□ 否
6	查阅维修手册规范地安装电机控制器	□ 是　　□ 否
7	按照 7S 管理规范恢复车辆及场地	□ 是　　□ 否

二、教师检查

教师根据各小组作业完成情况进行质量检查，选择优秀小组成员进行作业情况汇报，针对作业过程中出现的问题提出改进措施与建议。

作业问题及改进措施：

【课后提升】

　　高压部件的拆装与检测需要查阅维修手册、严格按照规范进行操作，为了提高同学们的规范、安全意识，请同学们登录教学平台，观看吉利 EV450 电动汽车车载充电机的拆装与检测视频，利用思维导图软件制作拆检流程。

【评价反馈】

小组内合理分工,交换操作员、监护员、记录员、评分员角色,完成作业任务后,结合个人、小组在课堂中的实际表现进行总结与反思。

1. 请小组成员完成本次工作任务评分。

"吉利 EV450 电动汽车电机控制器的安全拆装与检测"作业评分表

序号	作业内容	评分要点	配分	得分	判罚依据
1	场地准备(不配分,追加扣分)	□ 未检查设置隔离栏扣 0.5 分 □ 未设置安全警示牌扣 0.5 分 □ 未检查灭火器压力值扣 0.5 分 □ 未检查灭火器有效期扣 0.5 分 □ 未安装车辆挡块扣 0.5 分			
2	检查防护套装(不配分,追加扣分)	□ 未着工装扣 1 分 □ 未检查绝缘手套的外观扣 0.5 分 □ 未检查绝缘手套耐压等级扣 0.5 分 □ 未检查绝缘手套气密性扣 1 分 □ 未检查护目镜安全损伤扣 0.5 分 □ 未检查安全帽安全损伤扣 0.5 分			
3	检查工具套装(3.5 分)	□ 未检查数字万用表的外观扣 0.5 分	0.5		
		□ 未检查数字万用表的电阻量程(校零)扣 0.5 分	0.5		
		□ 未检查绝缘电阻测试仪的外观、线束扣 0.5 分	0.5		
		□ 未进行数字绝缘测试仪开路检测并确认电阻无穷大扣 0.5 分	0.5		
		□ 未进行数字绝缘测试仪短路检测并确认电阻小于 1Ω 扣 1 分	0.5		
		□ 未选择 4 点检测绝缘垫绝缘性,少 1 点扣 0.5 分;未佩戴绝缘手套与护目镜不得分	1		
4	安装车内、外三件套(不配分,追加扣分)	□ 未安装、撕裂车内三件套不得分 □ 未安装车外三件套扣 0.5 分 □ 作业过程中,车外三件套自行脱落扣 0.5 分			
5	记录车辆信息(2 分)	□ 正确记录车辆型号、车辆识别码、电机型号、工作电压,漏记、记错 1 项扣 0.5 分	2		
6	高压断电(4 分)	□ 未断开辅助蓄电池负极连接扣 0.5 分	0.5		
		□ 断开辅助蓄电池负极连接时未做防护扣 0.5 分	0.5		
		□ 未报告断电等待 5min 扣 0.5 分	0.5		
		□ 未正确拆卸动力蓄电池低压插件扣 0.5 分 □ 未正确拆卸动力蓄电池高压插件扣 0.5 分 □ 不佩戴绝缘手套不得分 □ 拆卸顺序错误不得分	1		

(续)

序号	作业内容	评分要点	配分	得分	判罚依据
6	高压断电 （4分）	☐ 未正确验电、放电扣1分	1		
		☐ 高压断电未执行1人操作1人监督扣0.5分	0.5		
7	电机控制器的 拆卸与检测 （24分）	☐ 未按对角拆卸电机控制器盖板固定螺栓扣1分（教师提醒）	1		
		☐ 举升车辆前未拆卸电机冷却液膨胀水箱上盖扣0.5分（教师提醒）	0.5		
		☐ 未正确拆卸散热器水管扣0.5分	0.5		
		☐ 未将冷却液放置专用容器中扣0.5分	0.5		
		☐ 冷却液外溢扣0.5分，未及时清理溢出的冷却液扣0.5分	1		
		☐ 未正确安装散热器水管扣0.5分	0.5		
		☐ 未按对角拆卸电机控制器盖固定螺栓扣1分	1		
		☐ 未拆卸驱动电机三相线束插接器固定螺栓扣1分	1		
		☐ 未拆卸电机控制器线束插接器固定螺栓扣1分	1		
		☐ 未拆卸驱动电机三相线束固定螺栓扣1分	1		
		☐ 未拆卸电机控制器线束固定螺栓扣1分	1		
		☐ 未检测电机控制器线束正极与车身地绝缘电阻值扣1分 ☐ 未佩戴绝缘手套不得分	1		
		☐ 未检测电机控制器线束负极与车身地绝缘电阻值扣1分 ☐ 未佩戴绝缘手套不得分	1		
		☐ 未检测驱动电机三相线束U脚与车身地绝缘电阻值扣1分 ☐ 未佩戴绝缘手套不得分	1		
		☐ 未检测驱动电机三相线束V脚与车身地绝缘电阻值扣1分 ☐ 未佩戴绝缘手套不得分	1		
		☐ 未检测驱动电机三相线束W脚与车身地绝缘电阻值扣1分 ☐ 未佩戴绝缘手套不得分	1		
		☐ 未记录测试值、标准值或记录错误，1次扣0.5分	2.5		
		☐ 绝缘电阻测试仪量程选择错误扣0.5分	0.5		
		☐ 未检测电机控制器接地电阻值扣1分	1		
		☐ 未记录测试值、标准值或记录错误，1次扣0.5分	2		
		☐ 接地电阻测试仪量程选择错误扣0.5分	0.5		
		☐ 未拆卸电机控制器低压插接器扣1分	1		
		☐ 未拆卸电机控制器搭铁线束扣1分	1		
		☐ 未拆卸电机控制器进水管、出水管扣1分	1		
		☐ 未对角拆卸电机控制器4个固定螺栓扣1分	1		

(续)

序号	作业内容	评分要点	配分	得分	判罚依据
8	电机控制器的安装与检测（21.5分）	☐ 未检查电机控制器外观扣0.5分	0.5		
		☐ 未检测电机控制器线束正极与壳体绝缘电阻值扣1分 ☐ 未佩戴绝缘手套不得分	1		
		☐ 未检测电机控制器线束负极与壳体绝缘电阻值扣1分 ☐ 未佩戴绝缘手套不得分	1		
		☐ 未检测驱动电机三相线束U脚与壳体绝缘电阻值扣1分 ☐ 未佩戴绝缘手套不得分	1		
		☐ 未检测驱动电机三相线束V脚与壳体绝缘电阻值扣1分 ☐ 未佩戴绝缘手套不得分	1		
		☐ 未检测驱动电机三相线束W脚与壳体绝缘电阻值扣1分 ☐ 未佩戴绝缘手套不得分	1		
		☐ 未记录测试值、标准值或记录错误，一次扣0.5分	0.5		
		☐ 绝缘电阻测试仪量程选择错误扣0.5分	0.5		
		☐ 未对角紧固电机控制器4个固定螺栓扣1分	1		
		☐ 未将紧固力矩设置为22N·m扣0.5分	0.5		
		☐ 未连接电机控制器进水管、出水管扣1分	1		
		☐ 未紧固搭铁螺母扣1分	1		
		☐ 未将紧固力矩设置为23N·m扣0.5分	0.5		
		☐ 未紧固驱动电机三相线束3个固定螺栓、电机控制器线束两个固定螺栓扣1分	1		
		☐ 未将紧固力矩设置为23N·m扣0.5分	0.5		
		☐ 未紧固驱动电机三相线束插接器3个固定螺栓、电机控制器线束插接器两个固定螺栓扣1分	1		
		☐ 未将紧固力矩设置为7N·m扣0.5分	0.5		
		☐ 未检测驱动电机三相线束U脚与V脚电阻值扣1分	1		
		☐ 未检测驱动电机三相线束V脚与W脚电阻值扣1分	1		
		☐ 未检测驱动电机三相线束W脚与U脚电阻值扣1分	1		
		☐ 接地电阻测试仪量程选择错误扣0.5分	0.5		
		☐ 未记录测试值、标准值或记录错误，1次扣0.5分	0.5		
		☐ 未按对角紧固电机控制器盖板8个固定螺栓扣1分	1		
		☐ 未将紧固力矩设置为9N·m扣0.5分	0.5		

(续)

序号	作业内容	评分要点	配分	得分	判罚依据
8	电机控制器的安装与检测（21.5 分）	☐ 未连接电机控制器低压插件扣 1 分	1		
		☐ 未加注冷却液至合适液位扣 1 分	1		
		☐ 未正确连接直流母线扣 0.5 分	0.5		
9	车辆上电（3 分）	☐ 未正确安装动力蓄电池高压插件扣 0.5 分 ☐ 未正确安装动力蓄电池低压插件扣 0.5 分 ☐ 不佩戴绝缘手套不得分 ☐ 拆卸顺序错误不得分	1		
		☐ 未连接辅助蓄电池负极扣 0.5 分	0.5		
		☐ 车辆上电前未报告扣 0.5 分	0.5		
		☐ 未确定 READY 灯是否亮扣 0.5 分	0.5		
		☐ 未执行高压 1 人操作 1 人监督扣 1 分	0.5		
10	作业场地恢复（2 分）	☐ 未拆卸车外三件套扣 0.5 分	0.5		
		☐ 未拆卸车内三件套扣 0.5 分	0.5		
		☐ 未移除高压警示标识等放置指定位置的，每项扣 0.5 分	0.5		
		☐ 未清洁场地扣 0.5 分	0.5		
11	安全事故	☐ 损伤、损毁车辆、设备或造成人身伤亡的，视情节扣 2~20 分；特别严重的安全事故不得分			
	合计		60		

2. 小组作业中是否存在问题？如果有问题，如何成功解决该问题？

3. 请对个人在本次工作任务中的表现进行总结与反思。

【课堂笔记】

任务3　新能源汽车绝缘故障排查

【任务描述】

工业和信息化部组织制订的《电动汽车安全要求》（GB 18384—2020）由国家市场监督管理总局、国家标准化管理委员会批准发布，于2021年1月1日起开始实施。该要求中明确规定新能源汽车必须具备绝缘电阻监测功能，在最大工作电压下，直流电路绝缘电阻不小于_____Ω/V，交流电路不小于_____Ω/V，当绝缘阻值低于绝缘电阻的最低要求时，应通过声、光报警提示驾驶人。

新能源汽车发生绝缘故障后会对操作者和设备带来不同程度的伤害，作为一名新能源汽车维修人员，你应该按照规范排查新能源汽车绝缘故障，保障司乘人员安全、电气设备正常工作以及车辆安全运行。

【任务目标】

1. 发展能力

1）能够说出新能源汽车高压部件绝缘检测的意义。
2）能够总结新能源汽车高压部件绝缘检测的方法。
3）能够描述不同工况下新能源汽车绝缘故障的处理办法。

2. 操作能力

1）能够制订新能源汽车绝缘故障诊断流程。
2）能够在作业前做好高压安全防护，规范完成车辆高压断电操作。
3）能够以小组合作的形式，根据制订的故障诊断流程进行新能源汽车绝缘故障诊断。

3. 社会能力

1）通过制订诊断流程，提升学生的逻辑思维能力。
2）通过绝缘故障排查实践操作，树立安全第一意识。
3）通过课后制作不同车型的诊断流程，提高学生的知识迁移能力。

【任务书】

_____是一名新能源汽车维修学员，新能源汽车维修工班_____组接到了排查吉利EV450电动汽车绝缘故障的任务，班长根据作业任务对班组人员进行了合理分工，同时强调了安全工作。_____接到任务后，按照操作注意事项和操作要点对吉利EV450电动汽车绝缘故障进行排查。

一、绝缘故障的检测

新能源汽车的电路要比传统汽车复杂,且由于汽车使用环境恶劣,因振动、冲击、气候冷热交替以及动力蓄电池腐蚀性液体、气体等的影响,其强电部分(如动力蓄电池组、电机控制器、驱动电机以及车载充电器等部件)与车体之间的绝缘容易出现损伤和破坏,会使其绝缘性能下降。为保证新能源汽车的安全运行,整车必须设计有绝缘监控系统。该系统位于动力蓄电池包内部,分别检测高压电路正极、负极的对地(车架)的绝缘值。

对于新能源汽车高压系统来说,高压系统中所有零部件(如电机控制器、车载充电机、高压控制盒、驱动电机等)与动力蓄电池是_____关系。因此,如果高压系统中任何一个零部件发生绝缘故障,均可通过测量动力蓄电池正、负极对地绝缘电阻值检测出。

二、新能源汽车绝缘故障报警的实现

新能源汽车存在高压部件,为防止绝缘失效造成的人身安全隐患,车辆设置有对整车高压部件绝缘电阻的监控装置,一般通过蓄电池控制系统检测绝缘功能。当检测到绝缘电阻低于设定的阈值时,蓄电池控制系统将对应的绝缘故障码上报给上位机,整车上电则由组合仪表来进行故障码显示和故障灯报警,确认为绝缘故障。当车辆出现绝缘故障后,必须马上进行故障排查,以免出现人身安全事故。

例如,如图 5-24 所示,当北汽 EV200 电动汽车发生绝缘故障后,起动车辆会听到嘀嘀嘀的报警声,_____灯不亮;仪表盘上文字提示区域交替显示绝缘故障、动力蓄电池故障;_____、_____、_____亮;中控屏闪烁显示"中度故障,请立即停车,与车辆授权服务商联系";换档旋钮旋至 D 位,车辆无法行驶。

图 5-24 绝缘故障报警

三、新能源汽车绝缘故障的原因

以吉利 EV450 电动汽车为例,如图 5-25 所示,整车高压系统分为两个部分,一部分为_____内部的高压系统,包括动力蓄电池模组、配电铜排、高压检测回路、配电盒等零部件;另一部分为_____外部的高压系统,包括车载充电器分线盒、驱动电机、电机控制器、PTC加热器、电动压缩机等。

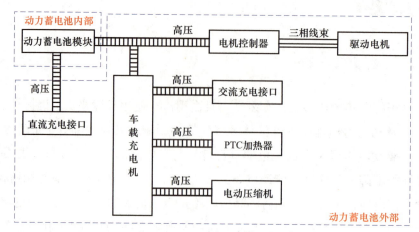

图 5-25　吉利 EV450 电动汽车高压系统

1. 动力蓄电池内部发生绝缘故障的原因

1）电解液泄漏、外部液体侵入、绝缘层被破坏等因素会造成动力蓄电池模组或单体出现异常的导电回路而导致绝缘故障。此类故障发生后可能会造成较严重的后果，如起动烧蚀、模块内单体短路等故障。

2）蓄电池管理单元有大量线缆通过插接器接入，若出现凝露或电金属迁移等，容易在内部产生各种潜在导通路径，出现绝缘故障。

3）蓄电池模组内部由于振动、冲击等导致磨损、错位，若出现绝缘纸、蓝膜失效等情况，会导致绝缘故障。

4）BMS 和高压控制盒这两个部件由于是直接接入高压的，若出现隔离失效，会出现绝缘故障。

2. 动力蓄电池外部发生绝缘故障的原因

（1）高压电缆、高压插接器绝缘故障　此类故障原因主要有两种：一种是配件的质量问题，供应商在处理高压电缆屏蔽层时工艺不当，导致屏蔽丝与功率端子异常接触，引起绝缘故障；另一种是绝缘层在长时间运行后容易老化，导致绝缘性能降低或绝缘层开裂，引起绝缘故障。

（2）高压部件绝缘故障　高压控制盒、驱动电机、电机控制器、车载充电机、PTC 加热器、电动压缩机等高压用电部件内部出现绝缘故障。

四、新能源汽车绝缘故障处理办法

当新能源汽车发生绝缘故障后，高压管理系统会及时切断所有的高压回路并发出声光报警，但是新能源汽车使用状态复杂，多数情况下并不能单一地采取切断所有高压回路的方法来处理绝缘故障。在不同的工况下，考虑到车辆的使用安全，绝缘故障应采取如下有区别的处理办法。

1. 行车工况

在车速大于 2km/h 的行车状态下发生绝缘故障时，BMS 仅上报故障，VCU 不做任何处理。在车速不大于 2km/h 的行车状态下发生绝缘故障时，考虑到整车安全，BMS 在监测到绝缘故障时立即上报故障并切断高压系统，VCU 进行高压下电，同时禁止再次高压上电。

2. 充电工况

BMS 对于充电状态下绝缘故障的处理方式是上报故障，立即切断高压系统；VCU 立即进行高压下电，同时解除_____状态。

3. 碰撞工况

在碰撞工况下发生高压系统的绝缘故障时，BMS 进行立即上报和下电高压处理，VCU 进行高压下电，同时禁止上_____。

五、吉利 EV450 电动汽车绝缘故障排查流程

由于绝缘监测系统无法对绝缘故障点进行定位，故需要进行逐步的人工排查。下面以吉利 EV450 电动汽车为例，介绍新能源汽车绝缘故障排查流程。

1. 确定故障现象

踩下制动踏板，打开点火开关，观察组合仪表，动力蓄电池故障指示灯、蓄电池充放电指示灯亮，READY 灯未亮，车辆高压无法上电。

2. 连接故障诊断仪，读取故障码

连接诊断仪，读取到"高压继电器闭合的前提下，绝缘故障（严重）"，确定车辆存在绝缘故障。

3. 规范进行高压断电处理

高压断电处理规范操作参见项目三任务 4。

4. 车辆基本检查

穿戴好个人防护用具，检查高压部件及高压线束外观是否存在破损、进水、受潮等现象，各高压插接器是否连接到位。

5. 故障排查步骤

1）举升车辆。拆卸动力蓄电池低压、高压插接器，高压回路此时被分成了两个部分，前部为安装于车辆前机舱的高压用电设备，后部为安装于车辆底部的_____。

使用绝缘电阻测试仪检测动力蓄电池绝缘性，绝缘电阻测试仪量程选择_____，分别检测动力蓄电池端高压插座总正、总负端子与车身之间的绝缘电阻值。绝缘电阻值_____，说明动力蓄电池箱绝缘正常；如果测量的绝缘电阻值过低，说明绝缘故障出现在动力蓄电池包内，需进一步开箱查找故障原因，如图 5-26 所示。

2）使用绝缘电阻测试仪测量被拆下的连接车载充电器分线盒的高压线束上的正、负极与_____之间的绝缘电阻值。

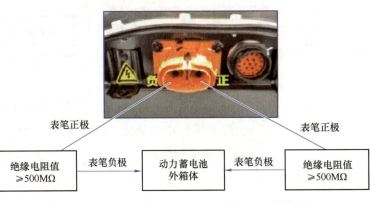

图 5-26 后部高压回路——动力蓄电池绝缘检测

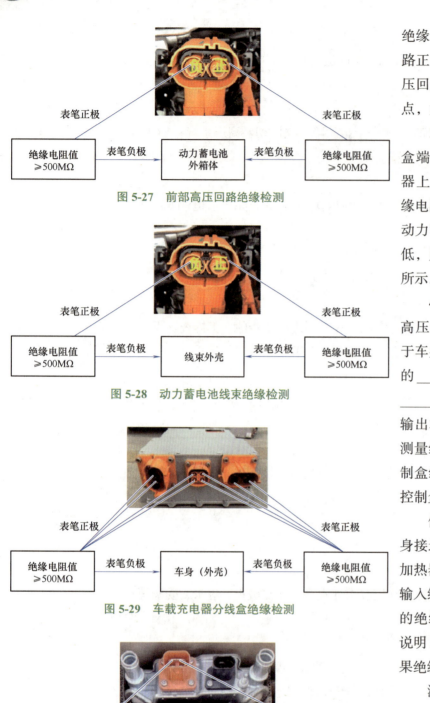

图 5-27 前部高压回路绝缘检测

图 5-28 动力蓄电池线束绝缘检测

图 5-29 车载充电器分线盒绝缘检测

图 5-30 PTC 加热器绝缘检测

绝缘电阻值　　　　　，说明前部高压回路正常；若绝缘电阻值过低，则说明前部高压回路存在绝缘故障，需要进一步排查故障点，如图 5-27 所示。

3）拔下动力蓄电池线束插接器（分线盒端），使用绝缘电阻测试仪测量高压插接器上的正、负极与　　　　　之间的绝缘电阻值。绝缘电阻值　　　　　，说明动力蓄电池线束绝缘正常；若绝缘电阻值过低，则需要更换动力蓄电池线束，如图 5-28 所示。

4）依次拔下车载充电器分线盒上各个高压插接器，将绝缘电阻测试仪黑表笔接于车身，红表笔依次连接车载充电器分线盒的　　　　　、　　　　　、　　　　　、电动压缩机、PTC 加热器输出端口正极和负极，测量其绝缘电阻值。测量绝缘电阻值　　　　　，说明高压控制盒绝缘正常；若绝缘电阻值过低，则高压控制盒自身绝缘故障，如图 5-29 所示。

例如：若测量 PTC 加热器正、负极与车身接地之间的绝缘电阻值过低，则断开 PTC 加热器高压输入线束，测量 PTC 加热器高压输入线束插接器正、负极与　　　　　之间的绝缘电阻值。测量绝缘电阻值　　　　　，说明 PTC 加热器高压输入线束绝缘正常；如果绝缘电阻值过低，则需要更换高压线束。

测量 PTC 加热器高压输入端口正、负极与　　　　　之间的绝缘电阻值，测量绝缘电阻值　　　　　，说明 PTC 加热器绝缘正常；如果绝缘电阻值过低，则说明 PTC 加热器高压绝缘故障，如图 5-30 所示。

5）将绝缘电阻测试仪黑表笔接于车身，红表笔依次连接电机控制器高压线束插接器（分线盒端）正、负极，测量绝缘电阻值　　　　　，说明电机控制器、电机控制器至驱动电机的高压回路无绝缘故障，如图 5-31 所示。

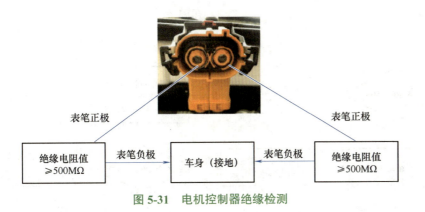

图 5-31　电机控制器绝缘检测

请同学们以小组为单位，完善吉利 EV450 电动汽车绝缘故障排查流程图（图 5-32）。

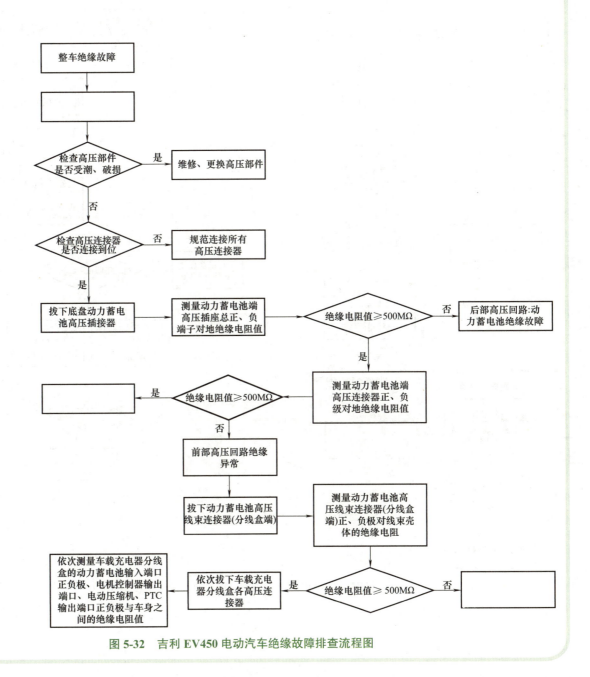

图 5-32　吉利 EV450 电动汽车绝缘故障排查流程图

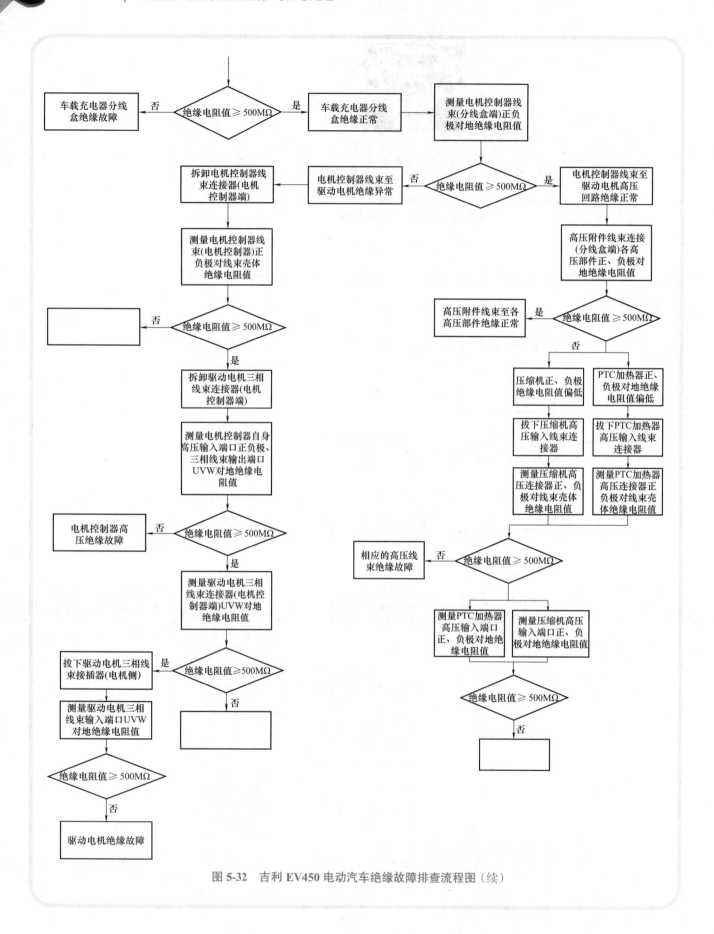

图 5-32 吉利 EV450 电动汽车绝缘故障排查流程图（续）

【任务计划】

一、吉利 EV450 电动汽车绝缘故障排查注意事项

1）进入实训车间应穿着工作服、工作鞋，留符合安全要求的发型，并且不佩戴首饰。
2）在维修作业前，准备并检查必需的基本绝缘安全用具。
3）举升作业时，必须佩戴好安全帽。
4）在接触高压线束、部件前，必须完成车辆高压断电操作。
5）发现有人触电时，应立即切断电源进行抢救，触电者未脱离电源前禁止直接接触。

二、制订吉利 EV450 电动汽车绝缘故障排查流程

在教师的指导下，查阅相关资料，小组讨论并制订吉利 EV450 电动汽车绝缘故障排查流程。

步骤	作业内容

【任务决策】

各小组选派代表阐述任务计划，小组间相互讨论、提出不同的看法，教师总结点评，完善方案。

【任务实施】

在教师的指导下完成分组，小组成员合理分工，完成吉利 EV450 电动汽车绝缘故障排查任务。

"吉利 EV450 电动汽车绝缘故障排查" 任务实施表

班级		姓名	
小组成员		组长	
操作员		监护员	
记录员		评分员	

(续)

任务实施流程			
序号	作业内容	作业具体内容	结果记录
1	场地准备	检查设置隔离栏	□ 是　　□ 否
		检查设置安全警示牌	□ 是　　□ 否
		检查灭火器压力、有效期	□ 是　　□ 否
		安装车辆挡块	□ 是　　□ 否
2	检查防护套装	检查绝缘手套外观、耐压等级	□ 是　　□ 否
		检查绝缘手套密封性	□ 是　　□ 否
		检查安全帽、护目镜	□ 是　　□ 否
		检查是否佩戴金属配饰	□ 是　　□ 否
3	检查工具套装	检查数字绝缘测试仪外观	□ 是　　□ 否
		数字绝缘测试仪开路检测并确认电阻∞	□ 是　　□ 否
		数字绝缘测试仪短路检测并确认电阻小于1Ω	□ 是　　□ 否
		4点检测绝缘垫绝缘性（必须佩戴绝缘手套、护目镜）	□ 是　　□ 否
		检查万用表外观	□ 是　　□ 否
		校零万用表确认小于1Ω	□ 是　　□ 否
		检查工具箱工具是否缺失	□ 是　　□ 否
4	安装车内、外三件套	正确安装车内三件套	□ 是　　□ 否
		正确安装车外三件套	□ 是　　□ 否
5	记录车辆信息	车辆型号：_____　　电机型号：_____ 蓄电池电量：_____　　工作电压：_____ 车辆识别码：_____	
6	故障现象描述		
7	读取故障码	□ 有DTC_____　　□ 无DTC	
8	高压断电	断开辅助蓄电池负极连接	□ 是　　□ 否
		断开动力蓄电池低压插件	□ 是　　□ 否
		断开动力蓄电池高压插件	□ 是　　□ 否
		断电等待5min	□ 是　　□ 否
		验电、放电	□ 是　　□ 否
9	测量动力蓄电池绝缘电阻值	① 测量动力蓄电池高压端口正极对地绝缘电阻值： 测量值_____　　标准值_____ ② 测量动力蓄电池高压端口负极对地绝缘电阻值： 测量值_____　　标准值_____ 结果分析：_____	
10	测量动力蓄电池高压线束绝缘电阻值	① 测量动力蓄电池线束插接器（分线盒端）正极对线束壳体绝缘电阻值：测量值_____　　标准值_____ ② 测量动力蓄电池线束插接器（分线盒端）负极对线束壳体绝缘电阻值：测量值_____　　标准值_____ 结果分析：_____	

（续）

序号	作业内容	作业具体内容	结果记录
11	测量车载充电器分线盒绝缘电阻值	① 测量分线盒动力蓄电池输入端口正极对地绝缘电阻值： 测量值_____ 标准值_____ ② 测量分线盒动力蓄电池输入端口负极对地绝缘电阻值： 测量值_____ 标准值_____ ③ 测量分线盒电机控制器输出端口正极对地绝缘电阻值： 测量值_____ 标准值_____ ④ 测量分线盒电机控制器输出端口负极对地绝缘电阻值： 测量值_____ 标准值_____ ⑤ 测量分线盒高压附件输出端口压缩机正极对地绝缘电阻值：测量值_____ 标准值_____ ⑥ 测量分线盒高压附件输出端口压缩机负极对地绝缘电阻值：测量值_____ 标准值_____ ⑦ 测量分线盒高压附件输出端口PTC加热器正极对地绝缘电阻值：测量值_____ 标准值_____ ⑧ 测量分线盒高压附件输出端口PTC加热器负极对地绝缘电阻值：测量值_____ 标准值_____ 结果分析：_____	
12	测量高压附件绝缘电阻值	① 测量高压附件线束插接器（分线盒端）压缩机正极对地绝缘电阻值：测量值_____ 标准值_____ ② 测量高压附件线束插接器（分线盒端）压缩机负极对地绝缘电阻值：测量值_____ 标准值_____ ③ 测量高压附件线束插接器（分线盒端）PTC加热器正极对地绝缘电阻值：测量值_____ 标准值_____ ④ 测量高压附件线束插接器（分线盒端）PTC加热器负极对地绝缘电阻值：测量值_____ 标准值_____ 结果分析：_____	
13	测量高压附件线束绝缘电阻值	① 测量PTC加热器高压输入线束插接器正极对线束壳体绝缘电阻值：测量值_____ 标准值_____ ② 测量PTC加热器高压输入线束插接器负极对线束壳体绝缘电阻值：测量值_____ 标准值_____ ③ 测量压缩机高压输入线束插接器正极对线束壳体绝缘电阻值：测量值_____ 标准值_____ ④ 测量压缩机高压输入线束插接器负极对线束壳体绝缘电阻值：测量值_____ 标准值_____ 结果分析：_____	
14	测量压缩机、PTC加热器绝缘电阻值	① 测量PTC加热器高压输入端口正极对地绝缘电阻值： 测量值_____ 标准值_____ ② 测量PTC加热器高压输入端口负极对地绝缘电阻值： 测量值_____ 标准值_____ ③ 测量压缩机高压输入端口正极对地绝缘电阻值： 测量值_____ 标准值_____ ④ 测量压缩机高压输入端口负极对地绝缘电阻值： 测量值_____ 标准值_____ 结果分析：_____	
15	高压上电	READY指示灯：□ 亮 □ 未亮 □ 亮后熄灭	
		故障指示灯：□ 亮 □ 未亮 □ 亮后熄灭	
		连接诊断仪，读取故障码：□ 有DTC □ 无DTC	
		关闭点火开关，确保车辆下电	□ 是 □ 否
16	作业场地恢复	拆卸车内三件套	□ 是 □ 否
		拆卸翼子板布	□ 是 □ 否
		将高压警示牌、车轮挡块等放至原位置	□ 是 □ 否
		清洁、整理场地	□ 是 □ 否

【质量检查】

一、小组自检

各小组根据任务实施的记录结果，对本小组的作业内容进行再次确认。

序号	检查项目	检查结果
1	作业前规范地做好场地准备	□ 是　□ 否
2	作业前规范地检查、准备防护用具套装、工具套装	□ 是　□ 否
3	作业前规范地完成高压断电操作	□ 是　□ 否
4	规范地对各高压部件、线束进行绝缘排查	□ 是　□ 否
5	正确测量并记录绝缘测试值	□ 是　□ 否
6	按照 7S 管理规范恢复车辆及场地	□ 是　□ 否

二、教师检查

教师根据各小组作业完成情况进行质量检查，选择优秀小组成员进行作业情况汇报，针对作业过程中出现的问题提出改进措施与建议。

作业问题及改进措施：

_____

【课后提升】

电气绝缘是新能源汽车高压安全的重要项目，课后仔细查阅《电动汽车安全要求》（GB 18384—2020）中对车辆绝缘电阻的监测要求。

【评价反馈】

小组内合理分工，交换操作员、监护员、记录员、评分员角色，完成作业任务后，结合个人、小组在课堂中的实际表现进行总结与反思。

1. 请小组成员完成本次工作任务评分。

"吉利 EV450 电动汽车绝缘故障排查"作业评分表

序号	作业内容	评分要点	配分	扣分	判罚依据
1	场地准备 （不配分，追加扣分）	□ 未检查设置隔离栏扣 0.5 分			
		□ 未设置安全警示牌扣 0.5 分			
		□ 未检查灭火器压力值扣 0.5 分			
		□ 未检查灭火器有效期扣 0.5 分			
		□ 未安装车辆挡块扣 0.5 分			

(续)

序号	作业内容	评分要点	配分	扣分	判罚依据
2	检查防护套装（不配分，追加扣分）	☐ 未着工装扣1分			
		☐ 未检查绝缘手套的外观扣0.5分			
		☐ 未检查绝缘手套耐压等级扣0.5分			
		☐ 未检查绝缘手套气密性扣1分			
		☐ 未检查护目镜安全损伤扣0.5分			
		☐ 未检查安全帽安全损伤扣0.5分			
3	检查工具套装（不配分，追加扣分）	☐ 未检查数字万用表的外观扣0.5分			
		☐ 未检查数字万用表的电阻量程（校零）扣0.5分			
		☐ 未检查绝缘电阻测试仪的外观、线束扣0.5分			
		☐ 未进行数字绝缘测试仪开路检测并确认电阻无穷大扣0.5分			
		☐ 未进行数字绝缘测试仪短路检测并确认电阻小于1Ω扣1分			
		☐ 未选择4点检测绝缘垫绝缘性，少1点扣0.5分 ☐ 未佩戴绝缘手套与护目镜不得分			
4	安装车内、外三件套（不配分，追加扣分）	☐ 未安装、撕裂车内三件套不得分			
		☐ 未安装车外三件套扣0.5分			
		☐ 作业过程中，车外三件套自行脱落扣0.5分			
5	记录车辆信息（1分）	☐ 正确记录车辆型号、车辆识别码、电机型号、工作电压，漏记、记错1项扣0.5分	1		
6	描述故障现象（2分）	☐ 故障现象中未包含READY灯不亮、绝缘故障，少1项扣0.5分；未描述故障指示灯，少1项扣0.5分	2		
7	读取故障码（1分）	☐ 未读取故障码扣1分	1		
8	高压断电（4分）	☐ 未断开辅助蓄电池负极连接扣0.5分	0.5		
		☐ 断开辅助蓄电池负极连接时未做防护扣0.5分	0.5		
		☐ 未报告断电等待5min扣0.5分	0.5		
		☐ 未正确拆卸动力蓄电池低压插件扣0.5分 ☐ 未正确拆卸动力蓄电池高压插件扣0.5分 ☐ 不佩戴绝缘手套不得分 ☐ 拆卸顺序错误不得分	1		
		☐ 未正确验电、放电扣1分	1		
		☐ 高压断电未执行1人操作1人监督扣0.5分	0.5		
9	测量动力蓄电池绝缘电阻（6分）	☐ 举升车辆前未确认支撑牢固扣1分	1		
		☐ 未正确测量动力蓄电池高压端口正极对地绝缘电阻值扣1分 ☐ 未佩戴绝缘手套不得分	1		
		☐ 未正确测量动力蓄电池高压端口负极对地绝缘电阻值扣1分 ☐ 未佩戴绝缘手套不得分	1		

（续）

序号	作业内容	评分要点	配分	扣分	判罚依据
9	测量动力蓄电池绝缘电阻（6分）	☐ 未记录测试值、标准值或记录错误，1次扣0.5分	2		
		☐ 未正确分析测量结果扣1分	1		
10	测量动力蓄电池线束绝缘电阻（5分）	☐ 未正确测量动力蓄电池线束插接器（分线盒端）正极对线束壳体绝缘电阻值扣1分 ☐ 未佩戴绝缘手套不得分	1		
		☐ 未正确测量动力蓄电池线束插接器（分线盒端）负极对线束壳体绝缘电阻值扣1分 ☐ 未佩戴绝缘手套不得分	1		
		☐ 未记录测试值、标准值或记录错误，1次扣0.5分	2		
		☐ 未正确分析测量结果扣1分	1		
11	测量车载充电器分线盒绝缘电阻（7分）	☐ 未正确测量车载充电器分线盒动力蓄电池输入端口正、负极对地绝缘电阻值扣1分 ☐ 未佩戴绝缘手套不得分	1		
		☐ 未正确测量车载充电器分线盒电机控制器输出端口正极、负极对地绝缘电阻值扣1分 ☐ 未佩戴绝缘手套不得分	1		
		☐ 未正确测量车载充电器分线盒压缩机输出端口正极、负极对地绝缘电阻值扣1分 ☐ 未佩戴绝缘手套不得分	1		
		☐ 未正确测量车载充电器分线盒PTC加热器输出端口正极、负极对地绝缘电阻值扣1分 ☐ 未佩戴绝缘手套不得分	1		
		☐ 未记录测试值、标准值或记录错误，1次扣0.5分	2		
		☐ 未正确分析测量结果扣1分	1		
12	测量高压附件绝缘电阻（5分）	☐ 未正确测量高压附件线束插接器（分线盒端）PTC正、负极对地绝缘电阻值扣1分	1		
		☐ 未正确测量高压附件线束插接器（分线盒端）正、负极对地绝缘电阻值扣1分	2		
		☐ 未记录测试值、标准值或记录错误，1次扣0.5分	1		
		☐ 未正确分析测量结果扣1分	1		
13	测量高压附件线束绝缘电阻（7分）	☐ 未正确测量压缩机高压输入线束插接器正、负极对线束壳体绝缘电阻值扣2分 ☐ 未佩戴绝缘手套不得分	2		
		☐ 未正确测量PTC加热器高压输入线束插接器正、负极对线束壳体绝缘电阻值扣2分 ☐ 未佩戴绝缘手套不得分	2		
		☐ 未记录测试值、标准值或记录错误，1次扣0.5分	2		
		☐ 未正确分析测量结果扣1分	1		

(续)

序号	作业内容	评分要点	配分	扣分	判罚依据
14	测量压缩机、PTC 加热器绝缘电阻（5分）	☐ 未正确测量压缩机高压输入端口正、负极对地绝缘电阻值扣 2 分	1		
		☐ 未正确测量 PTC 加热器高压输入端口正、负极对地绝缘电阻值扣 2 分	1		
		☐ 未记录测试值、标准值或记录错误，1 次扣 0.5 分	2		
		☐ 未正确分析测量结果扣 1 分	1		
15	车辆上电（5分）	☐ 未正确安装动力蓄电池高压插件扣 0.5 分 ☐ 未正确安装动力蓄电池低压插件扣 0.5 分 ☐ 不佩戴绝缘手套不得分 ☐ 拆卸顺序错误不得分	1		
		☐ 未连接辅助蓄电池负极扣 0.5 分	1		
		☐ 车辆上电前未报告扣 0.5 分	1		
		☐ 未确定 READY 灯是否亮扣 0.5 分	1		
		☐ 未执行高压 1 人操作 1 人监督扣 1 分	1		
16	作业场地恢复（2分）	☐ 未拆卸车外三件套的扣 0.5 分；	0.5		
		☐ 未拆卸车内三件套扣 0.5 分；	0.5		
		☐ 未移除高压警示标识等放置指定位置的，每项扣 0.5 分	0.5		
		☐ 未清洁场地扣 0.5 分	0.5		
17	安全事故	☐ 损伤、损毁车辆、设备或造成人身伤亡的，视情节扣 2~20 分；特别严重的安全事故不得分			
	合计		50		

2. 小组作业中是否存在问题？如果有问题，如何成功解决该问题？

3. 请对个人在本次工作任务中的表现进行总结与反思。

【课堂笔记】

任务 4　新能源汽车高压互锁回路验证

【任务描述】

"高压互锁"在传统燃油汽车领域几乎接触不到，随着新能源汽车的兴起，高压互锁这个概念在新能源汽车安全领域出现的概率极高。ISO 6469 规定新能源汽车的高压部件及其接插件都应具有高压互锁装置。作为一名未来的新能源汽车维修人员，你必须熟悉高压互锁的作用、分析高压互锁的原理、检测常见的高压互锁故障，这是从事新能源汽车维修的必备技能。

【任务目标】

1. 发展能力

1）能够总结新能源汽车高压互锁装置的作用。

2）能够说出不同情况下的高压互锁控制策略。

2. 操作能力

1）能够自主查阅新能源汽车维修手册，准确绘制高压互锁回路示意图。

2）能够在作业前做好高压安全防护，规范完成车辆高压断电操作。

3）能够以小组合作的形式，在实车上规范地对高压互锁回路进行验证、记录、分析测量结果，找准故障原因。

3. 社会能力

1）小组合作绘制高压互锁回路图，培养学生相互协作、共同进步的团队精神。

2）在实车操作过程中树立学生安全第一意识。

【任务书】

_____是一名新能源汽车维修学员，新能源汽车维修工班_____组接到了验证吉利 EV450 电动汽车高压互锁回路的任务，班长根据作业任务对班组人员进行了合理分工，同时强调了高压安全工作。_____接到任务后，按照操作注意事项和操作要点对吉利 EV450 电动汽车高压互锁回路开始验证。

【获取信息】

一、高压互锁的定义

高压互锁（High Voltage Inter-lock，HVIL）通过使用电_____来检查整个高压产品、导线、插接器及护盖的_____，识别回路异常断开时，及时

扫一扫

高压互锁回路的作用及原理

断开高压电。

二、高压互锁回路设置的目的

1）在车辆上电前确保整个高压系统的完整性，使高压处于一个封闭的环境下工作。

在车辆上电前，若检测到电路不完整，则系统无法上电，避免因为虚接等问题造成事故。

2）当整车在运行过程中，高压系统回路断开或者完整性受到破坏时，需要起动安全防护。

在车辆行驶过程中，若检测到高压回路松动（会导致高压断电，影响乘车安全），在高压断电之前给整车控制器提供报警信息，预留整车系统采取应对措施的时间。

3）防止带电插拔高压插接器给高压端子造成的拉弧损坏。

在高压系统工作过程中，如果没有高压互锁设计的存在，手动断开高压连接点时，在断开的瞬间，整个回路电压将会全部加在断点两端，电压击穿空气在两个器件之间拉弧，时间虽短，但能量很高，可能对断点周围的人员和设备造成伤害。

三、高压互锁回路的组成

高压互锁回路一般由_____、_____和_____三部分组成。

1. 互锁信号回路

高压互锁信号回路包括两部分，一部分用于监测高压供电回路的_____，一部分用于监测所有高压部件保护盖是否非法_____，如图5-33所示。高压互锁信号线与高压电源线并联，将所有的连接串接起来组成一个完整的回路，高压部件保护

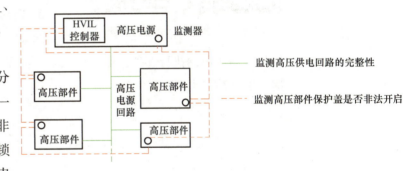

图5-33　高压互锁信号回路

盖与盒盖开关联动，盒盖开关串联在高压互锁信号回路中。若高压回路内某一部位未连接到位，则互锁信号送入整车控制器内，整车控制器不使动力蓄电池对外供电。

2. 互锁监测器

监测器分为两类，一种用于监测高压插接器连接是否完好，另外一种用于监测高压部件的保护盖是否开启。

（1）高压插接器监测　如图5-34所示，高压插接器分为两部分，一个是_____，用于高压连接供电，一个是_____，即互锁端子，用于判断高压连接端子是否接到位。

通过互锁端子和高压端子的长度和位置差异实现连接时，先连接_____，再连接_____；断

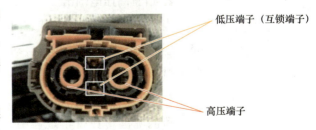

图5-34　高压插接器互锁监测器

开时，先断开_____，再断开_____，如图 5-35 所示。

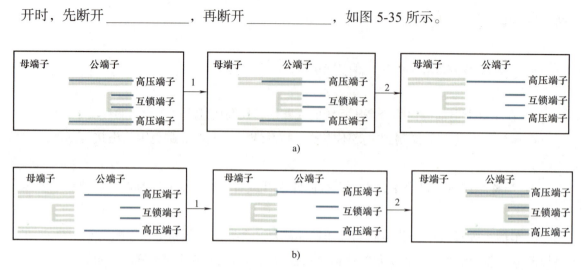

图 5-35　高压插接器互锁连接、断开示意图
a）连接过程示意图　b）断开过程示意图

图 5-36　高压部件开盖监测器

（2）高压部件开盖监测器　其结构类似于插接器，一端安装于高压部件_____上，另外一端安装于高压部件_____，当保护盖开启时插接器也断开，HVIL 信号中断。通常需要设置监测器的部件包括驱动电机控制器、高压控制盒等，如图 5-36 所示。

3. 自动断路器

自动断路器（也称正极、负极接触器）为互锁系统切断高压源的执行部件，形式类似于继电器。其作用是在高压互锁系统识别到危险情况时，断开高压电源。

四、高压互锁的控制策略

高压互锁系统在识别到危险时，整个控制器会根据危险时的行车状态及故障危险程度运用合理的安全策略，这些策略包括以下几点。

1. 故障报警

无论新能源汽车在何种状态，高压互锁系统在识别到危险时，车辆对危险情况做出_____，通过仪表警告灯亮起或发出警告鸣声等形式提醒驾驶人注意车辆情况，尽早将车辆送往专业维修点检测，避免发生安全事故。

2. 切断高压电输出

当新能源汽车在停止状态时，高压互锁系统在识别严重危险情况时，除了进行故障报警，还通知系统控制器断开自动断路器，切断_____，使车辆无法起动，最大限度确保财产和人身安全。

3. 降功率运行

新能源汽车在行车过程中，BMS 检测到高压互锁断开时，不会直接切断高压电输出（会产生严重的后果），而是先通过报警提示驾驶人，然后让控制系统强制降低电机的_____，强制降低车速，使整车高压系统在负荷较小的情况下运行，尽量降低发生高压危险的可能性，同时允许驾驶人能够将车辆停到安全地方。

如果驾驶人停车后未及时将车辆送检维修，那么在下次起动车辆时，BMS 会实施直接切断高压电措施，确保用户及车辆安全。

五、高压互锁回路图的绘制

吉利 EV450 电动汽车高压互锁回路示意图（图 5-37）。

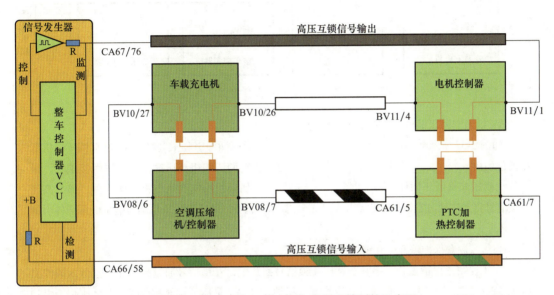

图 5-37　吉利 EV450 电动汽车高压互锁回路示意图

（1）VCU 至电机控制器高压互锁线路描述　高压互锁信号从_____低压插件引脚 CA67/76 发出，通过电机控制器低压插件引脚_____进入，再通过电机控制器高压插接器的互锁短接端子，最后从电机控制器低压插件引脚_____输出；如果拔出电机控制器高压插接器，那么高压互锁信号将无法通过电机控制器高压插接器的互锁短接端子，最后无法从电机控制器低压插件引脚 BV11/4 输出。

（2）高压互锁回路描述　整车控制器 VCU 通过低压插件引脚 CA67/76 输出一个_____信号，该信号进入电机控制器的低压插件引脚_____，再通过电机控制器高压插接器互锁短接端子，从电机控制器低压插件引脚_____输出；再进入车载充电机低压插件引脚_____，通过车载充电机高压插接器互锁短接端子，从车载充电机低压插件引脚 BV10/27 输出；再进入空调压缩机低压插件引脚 BV08/6，通过空调压缩机高压插接器互锁短接端子，从空调压缩机低压插件引脚_____输出；再进入 PTC 加热器低压插件引脚 CA61/5，通过 PTC 加热器高压插接器_____端子，从 PTC 加热器低压插件引脚 CA61/7 输出；最后，通过整车控制器 VCU 低压插件引脚_____进入 VCU。

> **知识拓展：**
>
> 北汽 EV200 电动汽车前机舱高压互锁回路示意图（图 5-38）
>
>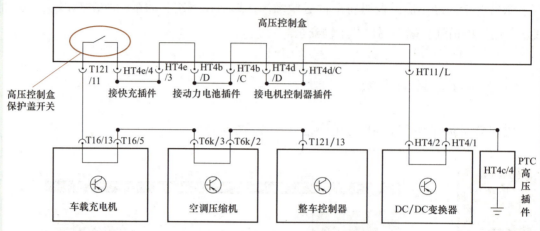
>
> 图 5-38　北汽 EV200 高压互锁回路示意图
>
> VCU 至空调压缩机高压互锁线路描述：
>
> 如图 5-38 所示，高压互锁信号从_____低压插件引脚 13 发出，通过空调压缩机低压插件引脚_____进入_____，再通过空调压缩机高压插件的互锁短接端子，最后从空调压缩机低压插件引脚_____脚输出；如果拔出空调压缩机高压插件，那么高压互锁信号将无法通过空调压缩机高压插件的互锁短接端子，最后无法从空调压缩机低压插件引脚 3 输出。
>
> 高压控制盒保护盖开关互锁线路描述：
>
> 高压控制盒保护盖开关串联在高压互锁信号回路中，互锁信号通过高压控制盒低压插件引脚 11 进入_____，再通过高压控制盒保护盖开关，最后从快充高压接插器低压端子引脚 4 输出；如果拆卸高压控制盒保护盖，高压控制盒保护盖断开，互锁信号将无法通过高压控制盒低压插件引脚 11 进入高压控制盒内部，最后无法从快充高压接插器低压端子引脚 4 输出。

六、吉利 EV450 电动汽车高压互锁回路验证思路

案例：一辆吉利 EV450 电动汽车，踩下制动踏板，按下起动按钮，组合仪表正常亮，READY 灯无法正常亮，充电指示灯、整车系统故障指示灯亮，档位无法切换到前进档或倒档，车辆无法行驶，如图 5-39 所示。

图 5-39　吉利 EV450 电动汽车组合仪表

读取故障码，VCU 中存在"P1C4096 高压互锁故障""P1C8E04 高压互锁 PWM 输出信号断路"故障码；在 VCU 中进一步读取数据流，数据流显示高压互锁信号"未连接"。经过维修技师初步诊断，属于高压互锁故障。

1. 分析高压互锁故障原因（图 5-40）

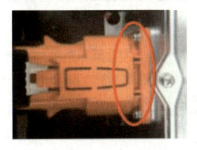  

图 5-40　高压互锁故障原因

2. 高压互锁回路验证

高压互锁回路的检测方式主要有_____、_____和_____3 种方法。其中电阻检测法相对简单，从高压互锁的初始端推至末端，由电阻值来判断是哪个节点断开。

在开始验证前，先进行高压断电处理，关闭钥匙开关，断开辅助蓄电池负极连接，拔下动力蓄电池高、低压插件，并做好绝缘防护。根据绘制的吉利 EV450 电动汽车高压互锁线路示意图，验证前机舱高压互锁回路。

（1）验证 VCU 至 PTC 高压互锁线路

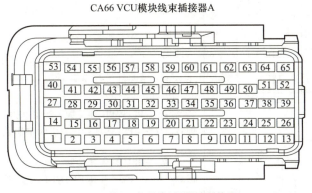

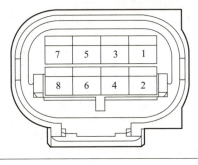

① 拔下 VCU 和 PTC 的低压插件，测量 VCU 引脚 CA66/58 至 PTC 引脚 CA61/7 间电阻值：_____

② 连接 PTC 高压插接器，测量引脚 PTC CA61/7 至 PTC 引脚 CA61/5 间电阻值：_____

③ 拔下 PTC 高压插接器，测量引脚 PTC CA61/7 至 PTC 引脚 CA61/5 间电阻值：_____

测试结果分析：VCU 低压插件引脚 CA66/58 与 PTC 低压插件引脚 CA61/7 导通，证明高压互锁信号从 VCU 出来后通过 PTC 低压插件引脚 7 进入 PTC 内部，PTC 高压插接器连接时引脚 7 与 5 互锁线路_____，断开则_____，证明高压互锁信号经过了 PTC 高压插接器的互锁短接端子，最后从低压插件引脚 5 输出。但由于未打开 PTC 内部，则 PTC 内部的互锁线路未进行验证

(2) 验证 PTC 至 OBC 高压互锁线路

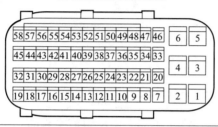

① 拔下 PTC 和 OBC 的低压插件，测量 PTC 引脚 CA61/5 与 OBC 引脚 BV10/27 间电阻值：_____
② 连接 OBC 高压插接器，测量 OBC 引脚 BV10/27 与 OBC 引脚 BV10/26 间电阻值：_____
③ 拔下 OBC 高压插接器，测量 OBC 引脚 BV10/27 与 OBC 引脚 BV10/26 间电阻值：_____

测试结果分析：PTC 低压插件引脚 CA61/5 与 OBC 低压插件引脚 BV10/27_____，证明高压互锁信号从 PTC 出来后通过 OBC 低压插件引脚 27 进入 OBC 内部，OBC 高压插接器连接时引脚 27 与 26 互锁线路导通，断开则_____，证明高压互锁信号经过了 OBC 高压插接器的互锁短接端子，最后从低压插件引脚 26 输出

(3) 验证 OBC 至电机控制器 PEU 高压互锁线路

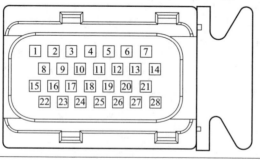

① 拔下 OBC 和 PEU 的低压插件，测量 OBC 引脚 BV10/26 与 PEU 引脚 BV11/4 间电阻值：_____
② 连接 PEU 高压插接器，测量 PEU 引脚 BV11/4 与 PEU 引脚 BV11/1 间电阻值：_____
③ 拔下 PEU 高压插接器，测量 PEU 引脚 BV11/4 与 PEU 引脚 BV11/1 间电阻值：_____

测试结果分析：OBC 低压插件引脚 BV10/26 与 PEU 低压插件引脚 BV11/4 导通，证明高压互锁信号从 OBC 出来后通过 PEU 低压插件引脚 4 进入_____，PEU 高压插接器连接时引脚 4 与 1 互锁线路_____，证明高压互锁信号经过了 PEU 高压插接器的互锁短接端子，最后没有从低压插件引脚 1 输出

可能的故障原因：1）PEU 高压插接器_____；
2）PEU 高压插接器互锁端子_____；
3）PEU 高压盒盖开关_____。

经进一步检查，故障原因为 PEU 高压插接器未装配到位，恢复高压插件安装位置，故障排除，起动车辆，READY 灯亮，车辆可正常行驶

【任务计划】

一、吉利 EV450 电动汽车高压互锁回路验证注意事项

1）进入实训车间应穿着工作服、工作鞋，留符合安全要求的发型，并且不佩戴首饰。
2）在维修作业前，准备并检查必需的基本绝缘安全用具。
3）举升作业时，必须佩戴好安全帽。
4）在接触高压线束、部件前，必须完成车辆高压断电操作。
5）发现有人触电，应立即切断电源进行抢救，触电者未脱离电源前禁止直接接触。

二、制订吉利 EV450 电动汽车高压互锁回路验证流程

在教师的指导下，查阅相关资料，小组讨论并制订吉利 EV450 电动汽车高压互锁回路验证流程。

步骤	作业内容

【任务决策】

各小组选派代表阐述任务计划，小组间相互讨论、提出不同的看法，教师总结点评，完善方案。

【任务实施】

在教师的指导下完成分组，小组成员合理分工，完成吉利 EV450 电动汽车高压互锁回路验证任务。

"吉利 EV450 电动汽车高压互锁回路验证"任务实施表

班级		姓名	
小组成员		组长	
操作员		监护员	
记录员		评分员	
任务实施流程			

序号	作业内容	作业具体内容	结果记录
1	场地准备	检查设置隔离栏	□是 □否
		检查设置安全警示牌	□是 □否
		检查灭火器压力、有效期	□是 □否
		安装车辆挡块	□是 □否
2	检查防护套装	检查绝缘手套外观、耐压等级	□是 □否
		检查绝缘手套密封性	□是 □否
		检查安全帽、护目镜	□是 □否
		检查是否佩戴金属配饰	□是 □否
3	检查工具套装	检查数字绝缘测试仪外观	□是 □否
		数字绝缘测试仪开路检测并确认电阻∞	□是 □否
		数字绝缘测试仪短路检测并确认电阻小于1Ω	□是 □否
		4点检测绝缘垫绝缘性(必须佩戴绝缘手套、护目镜)	□是 □否
		检查万用表外观	□是 □否
		校零万用表确认小于1Ω	□是 □否
		检查工具箱工具是否缺失	□是 □否
4	安装车内、外三件套	正确安装车内三件套	□是 □否
		正确安装车外三件套	□是 □否
5	记录车辆信息	车辆型号:_____ 电机型号:_____ 蓄电池电量:_____ 工作电压:_____ 车辆识别码:_____	
6	高压断电	断开辅助蓄电池负极连接	□是 □否
		断开动力蓄电池低压插件	□是 □否
		断开动力蓄电池高压插件	□是 □否
		断电等待 5min	□是 □否
		验电、放电	□是 □否
7	故障现象描述		
8	读取故障码	□ 有 DTC _____ □ 无 DTC	
9	高压互锁回路验证	测试对象	测试值	结果判断

		测试对象	测试值	结果判断
9	高压互锁回路验证			□正常 □异常
				□正常 □异常
				□正常 □异常

170

(续)

序号	作业内容	作业具体内容		结果记录
		测试对象	测试值	结果判断
9	高压互锁回路验证			□ 正常　□ 异常
				□ 正常　□ 异常
				□ 正常　□ 异常
				□ 正常　□ 异常
				□ 正常　□ 异常
				□ 正常　□ 异常
		故障原因确认：		
10	竣工检验	READY 指示灯：□ 亮　　□ 未亮　　□ 亮后熄灭		
		故障指示灯：□ 亮　　□ 未亮　　□ 亮后熄灭		
		连接诊断仪，读取故障码：□ 有 DTC　　□ 无 DTC		
		清楚故障码，读取故障码：□ 有 DTC　　□ 无 DTC		
		关闭点火开关，确保车辆下电		
11	作业场地恢复	拆卸车内三件套		□ 是　□ 否
		拆卸翼子板布		□ 是　□ 否
		将高压警示牌、车轮挡块等放至原位置		□ 是　□ 否
		清洁、整理场地		□ 是　□ 否

【质量检查】

一、小组自检

各小组根据任务实施的记录结果，对本小组的作业内容进行再次确认。

序号	检查项目	检查结果
1	作业前规范地做好场地准备	□ 是　□ 否
2	作业前规范地检查、准备防护用具套装、工具套装	□ 是　□ 否
3	作业前规范地完成高压断电操作	□ 是　□ 否
4	查阅维修手册并正确绘制高压互锁回路图	□ 是　□ 否
5	正确根据故障现象验证高压互锁回路，找到故障部位并排除	□ 是　□ 否
6	正确记录、分析测量结果	□ 是　□ 否
7	按照 7S 管理规范恢复车辆及场地	□ 是　□ 否

二、教师检查

教师根据各小组作业完成情况进行质量检查，选择优秀小组成员进行作业情况汇报，针对作业过程中出现的问题提出改进措施与建议。

作业问题及改进措施：
_____

【课后提升】

在实际车辆维修中，由于车辆型号不同、使用环境不同，高压互锁故障远比想象的更加复杂，在本任务中主要采取了电阻法进行逐段检测。请同学们登陆教学平台，观看吉利EV450电动汽车高压互锁故障电压法检测视频，并写出检测过程。

【评价反馈】

小组内合理分工，交换操作员、监护员、记录员、评分员角色，完成作业任务后，结合个人、小组在课堂中的实际表现进行总结与反思。

1. 请小组成员完成本次工作任务评分。

"吉利EV450电动汽车高压互锁回路验证"作业评分表

序号	作业内容	评分要点	配分	得分	判罚依据
1	场地准备（2.5分）	□ 未检查设置隔离栏扣0.5分	0.5		
		□ 未设置安全警示牌扣0.5分	0.5		
		□ 未检查灭火器压力值扣0.5分	0.5		
		□ 未检查灭火器有效期扣0.5分	0.5		
		□ 未安装车辆挡块扣0.5分	0.5		
2	检查防护套装（3.5分）	□ 未着工装扣1分	1		
		□ 未检查绝缘手套的外观扣0.5分	0.5		
		□ 未检查绝缘手套耐压等级扣0.5分	0.5		
		□ 未检查绝缘手套气密性扣0.5分	0.5		
		□ 未检查护目镜安全损伤扣0.5分	0.5		
		□ 未检查安全帽安全损伤扣0.5分	0.5		
3	检查工具套装（3.5分）	□ 未检查数字万用表的外观扣0.5分	0.5		
		□ 未检查数字万用表的电阻量程（校零）扣0.5分	0.5		
		□ 未检查绝缘电阻测试仪的外观扣0.5分	0.5		
		□ 未进行数字绝缘测试仪开路检测并确认电阻无穷大扣0.5分	0.5		
		□ 未进行数字绝缘测试仪短路检测并确认电阻小于1Ω扣1分	0.5		
		□ 未选择4点检测绝缘垫绝缘性，少1点扣0.5分 □ 未佩戴绝缘手套与护目镜不得分	1		
4	安装车内、外三件套（1.5分）	□ 未安装、撕裂车内三件套不得分	0.5		
		□ 未安装车外三件套扣0.5分	0.5		
		□ 作业过程中，车外三件套自行脱落扣0.5分	0.5		

(续)

序号	作业内容	评分要点	配分	得分	判罚依据
5	记录车辆信息（2分）	☐ 正确记录车辆型号、车辆识别码、电机型号、工作电压，漏记、记错1项扣0.5分	2		
6	描述故障现象（2分）	☐ 故障现象中未包含READY灯不亮、无法行驶，少1项扣1分；未描述故障指示灯，少1项扣1分	2		
7	读取故障码（2分）	☐ 未读取故障码扣1分 ☐ 未记录故障码扣1分	2		
8	高压断电（4分）	☐ 未断开辅助蓄电池负极连接扣0.5分	0.5		
		☐ 断开辅助蓄电池负极连接时未做防护扣0.5分	0.5		
		☐ 未报告断电等待5min扣0.5分	0.5		
		☐ 未正确拆卸动力蓄电池低压插件扣0.5分 ☐ 未正确拆卸动力蓄电池高压插件扣0.5分 ☐ 不佩戴绝缘手套不得分 ☐ 拆卸顺序错误不得分	1		
		☐ 未正确验电、放电扣1分	1		
		☐ 高压断电未执行1人操作1人监督扣0.5分	0.5		
9	高压互锁回路验证（23分）	☐ 测量前万用表未校零，1次扣0.5分，最多扣2分	2		
		☐ 未正确记录测试对象，1次扣2分，最多扣8分	8		
		☐ 未正确记录测试条件，1次扣1分，最多扣4分	5		
		☐ 未正确记录测试值，1次扣1分，最多扣4分	5		
		☐ 未正确判断记录结果，1次扣1分，最多扣2分	2		
		☐ 未正确判断并记录故障原因扣2分	2		
		☐ 未排除故障扣2分	1		
10	竣工检验（4分）	☐ 未正确安装动力蓄电池高压插件扣0.5分 ☐ 未正确安装动力蓄电池低压插件扣0.5分 ☐ 不佩戴绝缘手套不得分 ☐ 拆卸顺序错误不得分	1		
		☐ 未连接辅助蓄电池负极扣0.5分	0.5		
		☐ 车辆上电前未报告扣1分	1		
		☐ 未确定READY灯是否亮扣0.5分	0.5		
		☐ 未执行高压1人操作1人监督扣1分	1		
11	作业场地恢复（2分）	☐ 未拆卸车外三件套的扣0.5分	0.5		
		☐ 未拆卸车内三件套扣0.5分	0.5		
		☐ 未移除高压警示标识等放置指定位置的，扣0.5分	0.5		
		☐ 未清洁场地扣0.5分	0.5		
12	安全事故	☐ 损伤、损毁车辆、设备或造成人身伤亡的，视情节扣2~20分；特别严重的安全事故不得分			
合计			50		

2. 小组作业中是否存在问题?如果有问题,如何成功解决该问题?

3. 请对个人在本次工作任务中的表现进行总结与反思。

【课堂笔记】

模块三
带电环境下的高压系统工作

【模块工作情境】

本模块的学习将在新能源汽车上电环境下进行，相关从业人员在工作前必须完成模块二的学习。带电环境下的高压系统工作主要包括：车辆故障诊断、动力蓄电池相关工作、高压系统测试研发等。本模块内容只涉及车辆故障诊断中的特殊非电灾难等事故现场的应急处理，其他故障诊断知识与技能将在其他相关课程中学习。党的二十大报告中提出："重视心理健康和精神卫生。"新能源汽车维修人员在处理火灾、水灾等新能汽车非电灾难应急事故时，不仅需要扎实的专业技能，更需要具备过硬的心理素质和应变能力，以良好的心理状态科学高效地完成工作。

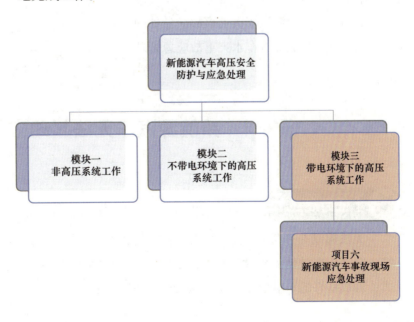

项目六

新能源汽车事故现场应急处理

【工作情境】

王新是新能源汽车服务站的一名学徒工,经过前期的基础培训,已经能够在应急事故处理前正确穿戴个人防护用品、检查防护用具、规范使用高压维修工具、设备,接下来王新将在维修技师的引领下,应急处理新能源汽车的无法起动、火灾、水灾等状况。

【学习目标】

1)能够正常开展车辆无法起动应急处理。
2)能够灵活处理各种新能源汽车火灾事故。
3)能够灵活处理各种新能源汽车水灾事故。

【工作任务】

任务1 新能源汽车无法起动应急处理
任务2 新能源汽车火灾事故应急处理
任务3 新能源汽车水灾事故应急处理

任务1 新能源汽车无法起动应急处理

【任务描述】

无法起动是新能源汽车比较常见的故障之一,全面、详实地了解新能源汽车电气系统,合理、有效地分析故障原因,不仅有利于车辆检修,更有助于形成正确的车辆使用方式,养成良好的车辆使用习惯,延长车辆使用寿命。

模块三 带电环境下的高压系统工作

【任务目标】

1. 发展能力

1) 能够描述新能源汽车电气系统的结构。
2) 能够说出新能源汽车高压上电流程。
3) 能够分析新能源汽车无法起动的原因。
4) 能够描述新能源汽车辅助蓄电池亏电的处理办法及流程。

2. 操作能力

1) 能够在作业前做好高压操作安全防护，合理判断车辆无法起动的原因。
2) 能够以小组合作的形式，正确展开车辆无法起动应急处置。

3. 社会能力

1) 通过分析车辆无法起动的原因，培养学生的逻辑思维能力。
2) 通过小组分工，共同合作完成工作任务，培养学生的团队合作意识。
3) 实车演练，情景再现，提升学生的心理素质和抗压能力。

【任务书】

_____ 是一名新能源汽车维修学员，一辆吉利 EV450 电动汽车出现了无法起动的故障，新能源汽车维修工班 _____ 组接到了到事故现场为这辆车做应急处理的任务，班长根据作业任务对班组人员进行了合理分工，同时强调了高压安全工作。_____ 接到任务后，按照操作注意事项和操作要点开始进行应急处理。

【任务分组】

班级		组号		指导教师	
组长		学号			
小组成员	姓名	学号	角色分工		
			监护人员		
			操作人员		
			记录人员		
			评分人员		

【获取信息】

一、新能源汽车电气系统概述

电气系统是新能源汽车的"神经"，起到传递能量和信息的作用，根据不同的电压等级和用途，新能源汽车电气系统分为 _____ 和 _____ 两类。

1. 低压电气系统

新能源汽车低压电气系统采用直流_____或 24V 电源，由 DC/DC 变换器、辅助蓄电池和若干低压电气设备组成。低压电气设备主要包括灯光系统、仪表系统和娱乐系统等，传统燃油汽车的蓄电池与发动机相连由发电机来充电，而新能源汽车的辅助蓄电池由动力蓄电池通过 DC/DC 变换器来充电。

2. 高压电气系统

高压电气系统主要由动力蓄电池、驱动电机和功率变换器等大功率、高电压的电气设备组成，根据车辆行驶的功率需求完成从_____到_____的能量转换与传输过程。

二、新能源汽车高压上电简介

由于新能源汽车的关键部件属于电气领域，因此新能源汽车的起动也称为_____。新能源汽车高压上电由低压电气系统和高压电气系统相互配合完成，从安全的角度考虑，新能源汽车的控制策略是低压控制高压。下面以吉利 EV450 电动汽车为例，介绍新能源汽车整车高压上电流程。

1. 高压上电相关部件

吉利 EV450 电动汽车高压上电由多个电气设备相互配合，主要包括起动开关、制动灯开关、PEPS、整车控制器（VCU）、蓄电池管理系统（BMS）和各类传感器、接触器等。

2. 高压上电流程

在踩下制动踏板的同时按下一键起动开关，点火信号和制动信号将同时发送到 PEPS，通过 PEPS 的防盗验证后，PEPS 会控制相应的继电器吸合，将辅助蓄电池的 12V 电转换为条件电源唤醒 VCU、BMS、OBC 等关键高压设备。

各控制器低压和高压自检完成，VCU 控制负极继电器闭合，BMS 检测到_____闭合后，闭合_____，动力蓄电池高压电向电机控制器等高压用电设备进行预充电。当整车控制器检测到高压用电器电容两端的电压和动力蓄电池内部电压相差达到预设值时（这个值根据不同厂商有所不同，一般在 15V 左右），BMS 控制正极继电器闭合，待高压稳定输出后，预充继电器断开，_____灯亮，如图 6-1 所示。

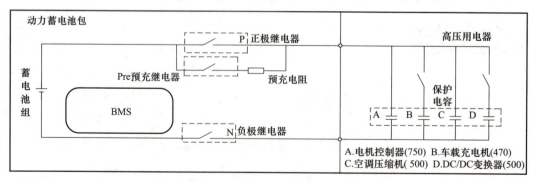

图 6-1　新能源汽车高压上电流程

"READY"灯点亮后,各控制系统会自检,如果没有检测到高压互锁、漏电、过温、失去通信等故障,"READY"灯会持续点亮。在此过程中,如果系统一旦检测到以上任意故障,BMS会断开高压回路,熄灭READY灯,同时点亮高压系统故障灯。

三、新能源汽车无法起动应急处理

1. 低压电气系统异常及应急处置方法

低压电气系统异常通常表现为整车电气设备均不能工作,即整车没有电。因为新能源汽车的控制策略为低压控制高压,所以是整车低压电气系统没有电源供应,而低压电气系统通常由辅助蓄电池来供应电源,如果低压供电异常,即使动力蓄电池电量很充足,车辆依然无法唤醒。

(1)造成低压电气系统异常的原因 主要有以下几个:

1)熔丝、继电器等部件损坏。

2)起动继电器损坏。

3)辅助蓄电池接触不良或亏电。

(2)辅助蓄电池亏电应急处理 当新能源汽车辅助蓄电池出现亏电现象时,通常采取以下应急处理措施。

1)跨接起动法。寻找一辆运行良好的车辆,利用跨接电缆起动被救援车辆,具体操作步骤如下:

① 关闭两辆车的_____,除_____(如有需要)外,关闭两车的所有车灯和电气附件。

② 先将_____电缆接到被救援车辆的正极(+),再将另一端接到救援车辆的蓄电池的正极(+),再按照此方法搭接负极(-);按照图6-2中①②③④的顺序进行。

③ 跨接完成后,起动救援车辆并怠速运转4min后,起动被救援车辆(一般被救援车辆起动后,需要保持运转30min)。

在被救援车辆起动后,就可以取下跨接线缆了,具体步骤如下:

① 取_____的负极(-)连接,再取救援车辆的负极(-)连接。

② 取_____的正极(+)连接,再取被救援车辆的正极(+)连接。按照图6-3中①②③④的顺序进行。

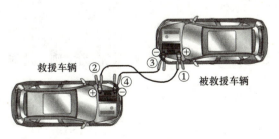

图6-2 跨接起动接线示意图

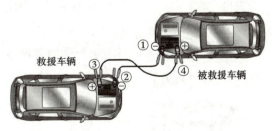

图6-3 跨接起动取线示意图

温馨提示：

在取线的过程中请勿触碰连接头，也不要将连接头与其他金属接触。错误的连接和拆卸跨接线缆都有可能导致电器短路或损坏车辆，由此导致的修理不在保修范围内。

2）应急电源法。当新能源汽车辅助蓄电池出现亏电现象，而短时间内也没有救援车辆时，可使用专用应急电源与车辆辅助蓄电池相连起动车辆，如图6-4所示，具体步骤如下：

① 关闭车辆点火开关，除危险警告灯（如有需要）外，关闭两车的所有车灯和电气附件。

② 将应急电源_____连接到辅助蓄电池正极，并确保连接牢固。

③ 将应急电源黑色负极夹（-）连接到辅助蓄电池负极，并确保连接牢固。

④ 起动车辆，起动成功后先将应急电源_____取下，再将应急电源红色正极夹（+）从辅助蓄电池正极取下。

（3）辅助蓄电池的充电方法 蓄电池充电作业常用方法有恒压充电、恒流充电和恒流恒压充电3种。

图6-4 应急电源

1）恒压充电。如图6-5所示，恒压充电指在充电过程中辅助蓄电池电源电压始终保持_____的充电方法。此种方法经济性好，但无法将辅助蓄电池电量充满，故适用于_____。

2）恒流充电。如图6-6所示，恒流充电可以在充电过程中保持_____恒定、任意调整充电电流，所以可针对不同情况的辅助蓄电池进行充电。此种方法的缺点是充电时间较长，但有利于辅助蓄电池长期使用，建议采用此种方法。

3）恒流恒压充电。如图6-7所示，恒流恒压充电第一阶段以_____充电，当电压达到预定值时转入第二阶段进行_____，此时电流逐渐减小；当充电电流下降到零时，辅助蓄电池完全充满。恒流恒压充电效率高，而且对辅助蓄电池的损伤较小，是普遍的充电方式。

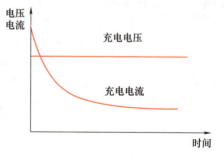

图6-5 恒压充电

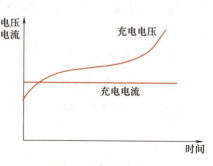

图6-6 恒流充电

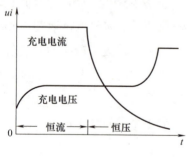

图6-7 恒流恒压充电

针对不同场景、自身需求及辅助蓄电池状态，需要以安全、高效、经济为准则，选择合理的应急处置方式。

知识拓展：

辅助蓄电池充电器

目前，市面上有很多不同类型的汽车辅助蓄电池充电器（见图6-8），辅助蓄电池充电器将高频开关电源技术与嵌入式微机控制技术有机地结合，运用智能动态调整技术，能自动根据辅助蓄电池电压的不同状况，分别采用恒流快充、涓流浮充、充满时自动停充等方式，可有效延长辅助蓄电池的使用寿命。

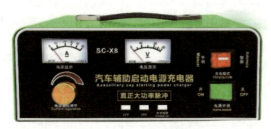

图 6-8　辅助蓄电池充电器

2. 高压电气系统异常及应急处置方法

（1）造成高压电气系统异常的原因　通过高压上电流程的学习，可以知道高压电气系统涉及的设备、电路比较复杂，导致新能源汽车无法正常起动的原因很多，主要有：

1）动力蓄电池系统故障。

2）驱动系统故障。

3）机械故障。

（2）高压电气系统异常应急处理　当新能源汽车高压电气系统异常时，打开点火开关后，车辆低压电气设备能够正常工作，但车辆存在故障，高压无法上电。其应急处理步骤如下：

1）关闭车辆点火开关，关闭车辆的所有车灯和电气附件。

2）打开危险警告灯。

3）联系授权服务商，等待救援。

【任务计划】

一、新能源汽车无法起动应急处理

1）新能源汽车辅助蓄电池亏电应急处理。

2）新能源汽车辅助蓄电池充电。

二、制订新能源汽车无法起动应急处理流程

在教师的指导下，查阅相关资料，小组讨论并制订新能源汽车无法起动应急处理流程。

步骤	作业内容

（续）

步骤	作业内容

【任务决策】

各小组选派代表阐述任务计划，小组间相互讨论、提出不同的看法，教师总结点评，完善方案。

【任务实施】

在教师的指导下完成分组，小组成员合理分工，完成新能源汽车无法起动应急处理。

"新能源汽车无法起动应急处理"任务实施表

班级		姓名	
小组成员		组长	
操作员		监护员	
记录员		评分员	

任务实施流程			
序号	作业内容	作业具体内容	结果记录
1	场地准备	检查设置隔离栏	□是 □否
		检查设置安全警示牌	□是 □否
		检查灭火器压力、有效期	□是 □否
		安装车辆挡块	□是 □否
2	检查防护套装	检查绝缘手套外观、耐压等级	□是 □否
		检查绝缘手套密封性	□是 □否
		检查安全帽、护目镜	□是 □否
		检查是否佩戴金属配饰	□是 □否
3	检查工具套装	检查数字绝缘测试仪外观	□是 □否
		数字绝缘测试仪开路检测并确认电阻∞	□是 □否
		数字绝缘测试仪短路检测并确认电阻小于1Ω	□是 □否
		4点检测绝缘垫绝缘性，必须佩戴绝缘手套、护目镜	□是 □否

(续)

序号	作业内容	作业具体内容	结果记录
3	检查工具套装	万用表外观检查	□是 □否
		万用表校零确认小于1Ω	□是 □否
		检查工具箱工具是否缺失	□是 □否
4	安装车内三件套	正确安装车内三件套	□是 □否
5	安装车外三件套	正确安装车外三件套	□是 □否
6	记录车辆信息	车辆型号：_____ 电机型号：_____ 蓄电池电量：_____ 工作电压：_____ 车辆识别码：_____	
7	确认车辆状态	确认遥控钥匙是否能解锁	□是 □否
		确认整车上电界面 □有显示 □无显示	
		确认低压电气系统是否运行	□是 □否
		确认高压电气系统是否运行	□是 □否
8	低压电气系统检查	辨认辅助蓄电池安装位置	□是 □否
		检查辅助蓄电池外观 □正常 □破损	
		检查辅助蓄电池正、负极接线状态 □牢固 □松动	
		检查辅助蓄电池搭铁状态 □牢固 □松动	
		检查熔丝、继电器连接情况 □正常 □异常	
		测量辅助蓄电池电压，测量值_____	
9	使用应急电源起动车辆	确认点火开关关闭	□是 □否
		连接应急电源正极至辅助蓄电池正极	□是 □否
		连接应急电源负极至辅助蓄电池负极	□是 □否
		起动车辆，READY 灯 □亮 □熄灭 □亮后熄灭	
		关闭点火开关	□是 □否
		取下应急电源负极夹	□是 □否
		取下应急电源正极夹	□是 □否
10	辅助蓄电池补充充电	正确判断辅助蓄电池亏电状态	□是 □否
		正确连接辅助蓄电池充电器	□是 □否
		选取补充充电方法 □恒流充电 □恒压充电 □恒流恒压充电	
		测量辅助蓄电池电压，测量值_____	
11	作业场地恢复	拆卸车内三件套	□是 □否
		拆卸翼子板布	□是 □否
		将高压警示牌、车轮挡块等放至原位置	□是 □否
		清洁、整理场地	□是 □否

183

【质量检查】

一、小组自检

各小组根据任务实施的记录结果，对本小组的作业内容进行再次确认。

序号	检查项目	检查结果	
1	作业前规范地做好场地准备	□ 是	□ 否
2	作业前规范地检查、准备防护用具套装	□ 是	□ 否
3	作业前规范地检查工具	□ 是	□ 否
4	正确判断车辆无法起动原因	□ 是	□ 否
5	规范地使用应急电源起动车辆	□ 是	□ 否
6	正确地对辅助蓄电池进行充电	□ 是	□ 否
7	按照 7S 管理规范恢复车辆及场地	□ 是	□ 否

二、教师检查

教师根据各小组作业完成情况进行质量检查，选择优秀小组成员进行作业情况汇报，针对作业过程中出现的问题提出改进措施与建议。

作业问题及改进措施：

___

___

___

【课后提升】

本节课实践训练的是车辆由静止状态到起动状态的过程无法完成的应急处置方法。如果在行车途中车辆突然失去动力源，应该如何应急操作呢？应该遵循的原则是什么呢？请大家以小组为单位，自主查阅资料，完成应急处置流程。

【评价反馈】

小组内合理分工，交换操作员、监护员、记录员、评分员角色，完成作业任务后，结合个人、小组在课堂中的实际表现进行总结与反思。

1. 请小组成员完成本次工作任务评分。

"新能源汽车无法起动应急处理"作业评分表

序号	作业内容	评分要点	配分	得分	判罚依据
1	场地准备 （2.5 分）	□ 未检查设置隔离栏扣 0.5 分	0.5		
		□ 未设置安全警示牌扣 0.5 分	0.5		

(续)

序号	作业内容	评分要点	配分	得分	判罚依据
1	场地准备（2.5分）	☐ 未检查灭火器压力值扣0.5分	0.5		
		☐ 未检查灭火器有效期扣0.5分	0.5		
		☐ 未安装车辆挡块扣0.5分	0.5		
2	检查防护套装（4.5分）	☐ 未着工装扣1分	1		
		☐ 未检查绝缘手套的外观扣0.5分	0.5		
		☐ 未检查绝缘手套耐压等级扣0.5分	0.5		
		☐ 未检查绝缘手套气密性扣1分	1		
		☐ 未检查护目镜安全损伤扣0.5分	0.5		
		☐ 未检查安全帽安全损伤扣0.5分；不戴安全帽扣0.5分	1		
3	检查工具套装（6分）	☐ 未检查数字万用表的外观扣0.5分	0.5		
		☐ 未检查数字万用表的电阻量程（校零）扣1分	1		
		☐ 未检查绝缘电阻测试仪的外观、线束扣0.5分	0.5		
		☐ 未进行数字绝缘测试仪开路检测并确认电阻无穷大扣1分	1		
		☐ 未进行数字绝缘测试仪短路检测并确认电阻小于1Ω扣1分	1		
		☐ 未选择4点检测绝缘垫绝缘性，少1点扣0.5分 ☐ 未佩戴绝缘手套与护目镜不得分	2		
4	安装车内、外三件套（2分）	☐ 未安装、撕裂车内三件套不得分	1		
		☐ 未安装车外三件套扣0.5分	0.5		
		☐ 作业过程中，车外三件套自行脱落扣0.5分	0.5		
5	记录车辆信息（1分）	☐ 正确记录车辆型号、车辆识别码、电机型号、工作电压，漏记、记错1项扣0.5分	1		
6	确认车辆状态（4分）	☐ 未确认遥控钥匙是否能解锁扣1分	1		
		☐ 未确认整车上电界面扣1分	1		
		☐ 未确认低压电气系统是否运行扣1分	1		
		☐ 未确认高压电气系统是否运行扣1分	1		
7	低压电气系统检查（6分）	☐ 未正确辨认辅助蓄电池安装位置扣1分	1		
		☐ 未检查辅助蓄电池外观扣1分	1		
		☐ 未检查辅助蓄电池正、负极接线状态扣1分	1		
		☐ 未检查辅助蓄电池搭铁状态扣1分	1		
		☐ 未检查熔丝、继电器连接情况扣1分	1		
		☐ 未正确测量辅助蓄电池电压并准确记录扣1分	1		
8	使用应急电源起动车辆（8分）	☐ 未确认点火开关关闭扣1分	1		
		☐ 未连接应急电源正极至辅助蓄电池正极扣1分 ☐ 未连接应急电源负极至辅助蓄电池负极扣1分 ☐ 连接顺序错误不得分	2		

(续)

序号	作业内容	评分要点	配分	得分	判罚依据
8	使用应急电源起动车辆（8分）	☐ 未起动车辆确认 READY 灯亮扣 1 分	1		
		☐ 未关闭点火开关扣 1 分	1		
		☐ 未将应急电源负极从辅助蓄电池负极取下扣 1 分 ☐ 未将应急电源正极从辅助蓄电池正极取下扣 1 分 ☐ 连接顺序错误不得分	2		
		☐ 未妥善保管应急电源扣 1 分	1		
9	辅助蓄电池补充充电（4分）	☐ 未正确判断辅助蓄电池亏电状态扣 1 分	1		
		☐ 未正确使用辅助蓄电池充电器扣 1 分	1		
		☐ 未正确选取补充充电方法扣 1 分	1		
		☐ 未测量并记录辅助蓄电池电压值扣 1 分	1		
10	作业场地恢复（2分）	☐ 未拆卸车外三件套的扣 0.5 分	0.5		
		☐ 未拆卸车内三件套扣 0.5 分	0.5		
		☐ 未移除高压警示标识等放置指定位置的，每项扣 0.5 分	0.5		
		☐ 未清洁场地扣 0.5 分	0.5		
11	安全事故	☐ 损伤、损毁车辆、设备或造成人身伤亡的，视情节扣 2~20 分；特别严重的安全事故不得分			
		合计	40		

2. 小组作业中是否存在问题？如果有问题，如何成功解决该问题？

3. 请对个人在本次工作任务中的表现进行总结与反思。

【课堂笔记】

任务 2 新能源汽车火灾事故应急处理

【任务描述】

由交通事故、自身设备故障或引燃等原因造成的车辆起火,可能会导致人员伤亡和财产损失等严重后果。作为一名未来的新能源汽车维修人员,必须能够灵活正确地处理新能源汽车突发火灾事故,这是作为一名合格的新能源汽车维修人员必备的专业技能。

【任务目标】

1. 发展能力

1)能够描述新能源汽车起火的原因和危害。

2)能够总结灭火器的种类及使用方法。

2. 操作能力

1)能够在作业前做好安全防护措施,按照规范正确使用常见灭火器。

2)能够以小组合作的形式,灵活处理各种突发火灾事故。

3. 社会能力

1)在操作过程中能够根据不同情况,准确说出灭火方式,提升学生的随机应变能力。

2)小组合作、合理分工、共同协作完成工作任务,培养学生的团队合作意识。

3)以不同类型的着火方式展开教学演练,提升学生的知识迁移能力,同时提升学生处理突发事故的心理素质。

扫一扫

新能源汽车
火灾事故应
急处理

【任务书】

_____是一名新能源汽车维修学员,新能源汽车维修工班_____组接到了吉利 EV450 电动汽车前机舱火灾事故应急处理的任务,班长根据作业任务对班组人员进行了合理分工,同时强调了火灾安全防护工作。_____接到任务后,按照操作注意事项和操作要点对吉利 EV450 电动汽车起火现象开始初期检查。

【任务分组】

班级		组号		指导教师	
组长		学号			
小组成员	姓名	学号	角色分工		
			监护人员		
			操作人员		
			记录人员		
			评分人员		

一、新能源汽车火灾事故的主要原因

1. 充放电起火

在正常充放电情况下，如果发生火灾属于动力蓄电池本身的问题。在连续的充放电过程中，动力蓄电池会缓慢释放_____和_____，氢气的爆炸极限比较低，如果在某个密闭空间内聚集，遇到火源将会产生燃烧爆炸的情况。另外，动力蓄电池在充放电时，会持续地发热，如果处理不当，随着温度的上升，可能会使动力蓄电池本身变形，造成电解液泄漏，导致短路等故障，继而发生燃烧爆炸。

2. 碰撞起火

新能源汽车发生碰撞时，动力蓄电池会受到很大的冲击力，可能发生挤压、穿刺等现象导致_____，造成局部热集聚，燃烧起火。同时，剧烈碰撞本身也可能产生火花，在电解液等可燃物质与氧气接触时极易燃烧。整个蓄电池模组是由众多零件组成的，某个小零件在碰撞时发生移动或者破损都会导致严重的后果。

3. 涉水起火

当新能源汽车遇到暴雨或其他涉水情况时，动力蓄电池间的接线或者电机控制系统就会由于水或者水汽的侵蚀，造成_____，导致漏电。一旦短路，动力蓄电池温度会迅速升高，可能引起爆炸或者燃烧。

4. 正常行驶条件下起火

正常行驶条件下，新能源汽车发生火灾事故的可能性很小，但是相比传统燃油汽车，动力蓄电池会增加新能源汽车的危险系数。现在广泛采用锂离子动力蓄电池的新能源汽车，大电流放电将导致排放大量可燃气体，而动力蓄电池的温度会随之升高，燃烧的可能性很大。

二、新能源汽车火灾特点

1. 处理难度大

新能源汽车发生火灾、撞击等事故后，内部动力蓄电池可能出现挤压、穿刺、损坏等情况，引发液体泄漏、燃烧，甚至爆炸，在导电介质的作用下，很容易使驾驶人或者乘员发生触电情况。对于新能源汽车来说，大多采用锂离子动力蓄电池组作为储电单元，当动力蓄电池负极与空气接触后，很容易出现剧烈氧化，加大爆炸发生的概率，无形中增加了处理难度。

2. 灭火时间长

新能源汽车的内部结构件较多、管线错综复杂，且大部分均为可燃物，在自由燃烧状态下，火焰可持续 90min 左右，温度最大值可达 916℃，当某一部分发生火灾后，很容易蔓延整个车厢，形成大范围的燃烧，而常规的灭火剂灭火效果不够理想，加上座椅、护栏等物体的阻挡，难以直接灭火，因此需要花费较长的时间才能完成灭火任务。

扫一扫

新能源汽车起火原因及特点

3. 燃烧速度快

据调查，从动力蓄电池出现燃烧迹象到猛烈燃烧只需要 6s，且火焰的喷射距离较远，可超过 5m，在燃烧过程中还有大量喷溅物散落在周围，并产生大量醚、烯烃、烷烃等，部分物质具有毒性。例如，氢燃料动力蓄电池是将氢气存储到压力容器中，其压力达到 70MPa，一旦动力蓄电池受损导致氢气泄漏，空气中的氢气含量超过 4%、周围温度超过 85℃时便具备爆炸条件，对救援人员的生命安全构成较大的威胁。

三、灭火器的种类及使用方法

灭火器是用来扑灭新能源汽车初期火灾的常用工具，必须根据不同物质的燃烧特点有针对性地选择不同类型的灭火器灭火。

扫一扫

灭火器的分类及使用

1. 灭火器的种类

常见的灭火器见表 6-1。

表 6-1 常见的灭火器

灭火器的种类	灭火器的使用范围	注意事项	灭火器实物
水基型灭火器	以_____作为灭火剂，并有少量添加剂；适用于木、棉、麻、毛、纸等一般固体物质火灾	不能扑救电器、危险化学品、汽油、油漆等火灾	
干粉灭火器	瓶内装的是_____，干粉灭火器利用_____气体或_____作为动力将瓶内的干粉喷出灭火；适用于扑救各种易燃、可燃液体和易燃、可燃气体火灾，以及电气设备火灾	不能扑救镁、铝、钾等金属火灾	
泡沫灭火器	灭火时，泡沫灭火器能喷射出大量_____和_____，它们可以粘附在可燃物上，使可燃物与空气隔绝，达到灭火的目的；适用于扑救一般火灾，例如油制品、油脂等无法用水来施救的火灾	不能扑救酒精等水溶性可燃液体、汽油等易燃液体火灾和电气火灾	
二氧化碳灭火器	二氧化碳灭火器具有流动性好、喷射率高、灭火不留痕的特点；主要用来扑灭图书、档案、精密仪器、贵重设备、600V 以下电气设备等的初期火灾	不能扑救镁、铝、钾等金属火灾	

2. 灭火器的使用方法

不同种类的灭火器适用于扑灭不同物质燃烧导致的火灾，其结构和使用方法也各不相同。

（1）水基型灭火器　水基型灭火器又称为清水灭火器。水基型灭火器在喷射过程中应始终与地面保持＿＿＿＿＿＿状态，切勿颠倒或横卧，否则会使加压气体泄出导致灭火剂无法喷射。随着灭火器喷射距离的缩短，操作时应逐渐向燃烧物靠近，使水流始终喷射在燃烧处，直至将火扑灭，如图6-9所示。

图6-9　水基型灭火器的使用方法

（2）干粉灭火器　干粉灭火器扑救可燃、易燃液体火灾时，应对准火焰扫射；如果被扑救的液体火灾呈流淌燃烧时，应对准火焰根部由近而远并左右扫射，直至把火焰全部扑灭。如果在室外，应选择在＿＿＿＿＿＿方向喷射，当干粉喷出后，迅速对准火焰的根部扫射，如图6-10所示。

一提，提起＿＿＿＿＿

二放，距离火焰＿＿＿＿m处的上风口放下灭火器

三摇，使用前＿＿＿＿摇一摇

图6-10　干粉灭火器的使用方法

| 四拔，除掉_____，拔掉_____ | 五"对"，对准_____ | 六"射"，按下_____，对准火焰上下左右扫射 |

图 6-10 干粉灭火器的使用方法（续）

注意：

如图 6-11 所示，灭火过程中，干粉灭火器应保持_____状态，不能_____或_____使用，否则不能喷粉。

（3）泡沫灭火器　使用泡沫灭火器时，手提筒体上部的提环，迅速奔赴火场。注意不得使灭火器过分倾斜，更不可横拿或颠倒，以免两种药剂混合而提前喷出。如图 6-12 所示，在距离着火点_____m 左右处，即可将筒体上下颠倒过来，一只手紧握提环，另一只手扶住筒体的底圈，将射流对准燃烧物。

图 6-11 干粉灭火器的使用注意事项

注意：电气设备起火时，禁止用泡沫灭火器灭火，因为泡沫中含有水分会导电。

图 6-12 泡沫灭火器的使用注意事项

（4）二氧化碳灭火器　将灭火器提到或扛到现场，在距燃烧物_____左右处，放下灭火器，拔出保险销，一手握住喇叭筒根部的手柄，另一只手紧握启闭阀的压把。对没有喷射软管的二氧化碳灭火器，应把喇叭筒往上扳_____。如图 6-13 所示，使用时，禁止直接用手抓住喇叭筒外壁或金属连线管，以防手被冻伤。

在室外使用二氧化碳灭火器时，应选择在上风方向喷射；在室内窄小空间使用时，灭火后操作者应迅速离开，以防窒息。

图 6-13 二氧化碳灭火器的使用注意事项

四、新能源汽车消防安全

1. 火灾事故评估

出现火灾事故时，首先需要对现场进行评估，通过外部观察和仪器监测，判断事故车辆动力蓄电池和高压系统的受损情况以及动力蓄电池可能引发的爆炸燃烧的危险因素及后果，做好事故救援准备。

2. 设置警戒

1）通过侦测现场情况确定警戒范围，设置警戒标志。

2）通常在事故车辆周边＿＿＿＿m范围设置工作区，禁止无关车辆、人员进入工作区。

3）在＿＿＿＿m范围设置作业区，只允许负责解救被困者的救援人员进入作业区。

4）需持续监测易燃、有毒气体，监测事故车辆动力蓄电池部位温度，适时调整警戒范围。

3. 新能源汽车驾驶过程中消防事故应急处理

（1）车辆起火　车辆行驶中机舱电器起火主要为电机控制器出现故障、元件温度失控起火、电线接头接触不良、通电时打火引燃导线绝缘层破损起火及动力蓄电池内部故障起火。车辆起火时，按照以下步骤处理：

迅速停车 → 切断电源 → 取下随车灭火器 → 依据实际情况采用不同的灭火方式

注意：在检查火情时，不要与任何高压部件接触，始终使用绝缘工具进行检查。

（2）行车过程中动力蓄电池发生高温、冒烟的应急措施　在行车过程中要特别注意高温报警和动力蓄电池舱，如果发现动力蓄电池的温度过高，则需停车观察；如果有异味或有烟冒出，则应按照以下顺序进行处理：

迅速停车 → 切断电源 → 用＿＿＿灭火器灭火（磷酸铁锂动力蓄电池起火可以用水、黄沙、灭火毯、干粉灭火器、二氧化碳灭火器扑灭）

思考：

与传统燃油汽车相比，新能源汽车起火原因的特殊性表现在哪些方面？

＿＿＿＿＿＿
＿＿＿＿＿＿
＿＿＿＿＿＿
＿＿＿＿＿＿
＿＿＿＿＿＿
＿＿＿＿＿＿

若有消防队到来，尽量阻止其用＿＿＿＿＿＿灭动力蓄电池的火焰，防止更大规模的动力蓄电池＿＿＿＿＿＿造成火灾发生，但在事态无法控制时，可用大量水进行处理。

（3）监控　动力蓄电池着火可能需要24h才能完全扑灭，使用＿＿＿＿可以确保动力蓄电池在事故结束前完全冷却。如果没有热成像摄像头，必须监控动力蓄电池是否会复燃冒烟，监控要保持到动力蓄电池不再冒烟的1h之后。

注意：处置火灾事故时，救援人员尽可能穿戴全套的个人防护装备和呼吸防护装备。

（4）避免动力蓄电池发生碰撞　当车辆有发生碰撞可能时，在保证人身安全的情况下，应尽量避免动力蓄电池发生碰撞。

【任务计划】

一、正确使用灭火器

1）辨别不同种类的灭火器。

2）准确说出不同种类灭火器的使用注意事项。

二、制订模拟前机舱起火,利用干粉灭火器消防的流程

在教师的指导下,查阅相关资料,小组讨论并制订模拟前机舱起火,利用干粉灭火器消防的工作流程。

步骤	作业内容

温馨提示:

1) 在作业前,设置警戒标志。
2) 做好救援人员的安全防护。
3) 在接触高压部件前,必须完成车辆高压断电操作。

【任务决策】

各小组选派代表阐述任务计划,小组间相互讨论、提出不同的看法,教师总结点评,完善方案。

【任务实施】

在教师的指导下,小组成员合理分工,完成模拟前机舱起火,利用干粉灭火器完成消防工作任务。

"新能源汽车火灾事故应急处理"任务实施表

班级		姓名	
小组成员		组长	
操作员		监护员	
记录员		评分员	

(续)

任务实施流程			
序号	作业内容	作业具体内容	结果记录
1	场地准备	检查设置隔离栏	□是 □否
		检查设置安全警示牌	□是 □否
		检查灭火器压力、有效期	□是 □否
		安装车辆挡块	□是 □否
2	检查防护套装	检查绝缘手套外观、耐压等级	□是 □否
		检查绝缘手套密封性	□是 □否
		检查安全帽、护目镜	□是 □否
		检查是否佩戴金属配饰	□是 □否
3	记录车辆信息	车辆型号：_____ 电机型号：_____ 动力蓄电池电量：_____ 工作电压：_____ 车辆识别码：_____	
4	起火位置描述及采取措施	迅速停车	□是 □否
		打开机舱盖	□是 □否
		辨认着火位置	□是 □否
		取出随车灭火器	□是 □否
		检查灭火器的指针位置	□是 □否
		检查灭火器是否横卧或颠倒	□是 □否
		正确拔出灭火器保险销	□是 □否
		选择在上风方向进行喷射	□是 □否
		对准火焰根部进行扫射	□是 □否
		将火焰完全扑灭	□是 □否
		和维修站取得联系	□是 □否
5	作业场地恢复	将灭火器放回原来位置	□是 □否
		将安全警示牌撤回	□是 □否
		清洁、整理场地	□是 □否

【质量检查】

一、小组自检

各小组根据任务实施的记录结果，对本小组的作业内容进行再次确认。

序号	检查项目	检查结果
1	作业前规范地检查、准备防护用具套装	□是 □否
2	作业前规范地检查工具	□是 □否
3	作业前，根据实际情况准确说出使用灭火器的种类	□是 □否

(续)

序号	检查项目	检查结果
4	正确使用灭火器	□ 是　　□ 否
5	及时和维修站取得联系，维修车辆	□ 是　　□ 否
6	按照 7S 管理规范恢复车辆及场地	□ 是　　□ 否

二、教师检查

教师根据各小组作业完成情况进行质量检查，选择优秀小组成员进行作业情况汇报，针对作业过程中出现的问题提出改进措施与建议。

作业问题及改进措施：

_____

_____

【课后提升】

请同学们结合学习平台资料，自主查阅相关网络资料，搜集 1~2 个新能源汽车起火案例，分析起火原因，以及采取的应急措施。请大家以小组为单位，自主查阅资料，完成火灾应急处置流程并上传至学习平台。

【评价反馈】

小组内合理分工，交换操作员、监护员、记录员、评分员角色，完成作业任务后，结合个人、小组在课堂中的实际表现进行总结与反思。

1. 请小组成员完成本次工作任务评分。

"新能源汽车火灾事故应急处理"作业评分表

序号	作业内容	评分要点	配分	得分	判罚依据
1	场地准备（5分）	□ 未检查设置隔离栏扣1分	1		
		□ 未设置安全警示牌扣1分	1		
		□ 未检查灭火器压力值扣2分	2		
		□ 未检查灭火器有效期扣1分	1		
2	检查防护套装（6分）	□ 未着工装扣1分	1		
		□ 未检查绝缘手套的外观扣1分	1		
		□ 未检查绝缘手套耐压等级扣1分	1		
		□ 未检查绝缘手套气密性扣1分	1		
		□ 未检查护目镜扣1分	1		
		□ 未检查安全帽扣1分	1		
3	记录车辆信息（2分）	□ 正确记录车辆型号、车辆识别码、电机型号、工作电压，漏记、记错1项扣2分	2		

(续)

序号	作业内容	评分要点	配分	得分	判罚依据
4	起火位置描述及采取措施（15分）	☐ 未迅速停车扣1分	1		
		☐ 未打开前机舱盖扣1分	1		
		☐ 未正确辨认着火位置扣2分	2		
		☐ 未及时取出随车灭火器扣2分	2		
		☐ 未检查灭火器的指针位置扣1分	1		
		☐ 将灭火器横卧或颠倒扣2分	2		
		☐ 未正确拔出灭火器保险销扣2分	2		
		☐ 未选择在上风方向进行喷射扣1分	1		
		☐ 未对准火焰根部进行扫射扣1分	1		
		☐ 未将火焰完全扑灭扣1分	1		
		☐ 未和维修站取得联系扣1分	1		
5	作业场地恢复（2分）	☐ 未将灭火器放回原来位置扣0.5分	0.5		
		☐ 未移除高压警示标识等放置指定位置的，每项扣0.5分	1		
		☐ 未清洁场地扣0.5分	0.5		
6	安全事故	☐ 损伤、损毁车辆、设备或造成人身伤亡的，视情节扣2~20分；特别严重的安全事故不得分			
		合计	30		

2. 小组作业中是否存在问题？如果有问题，如何成功解决该问题？

3. 请对个人在本次工作任务中的表现进行总结与反思。

【课堂笔记】

任务 3　新能源汽车水灾事故应急处理

【任务描述】

下雨天时，如果道路上有积水，往往会掩盖路面上的坑洞，在经过有积水或者立交桥下、深槽隧道等有大水漫溢的路面时，都会使新能源汽车涉水而造成不必要的麻烦。作为一名未来的新能源汽车维修人员，必须能够灵活正确地处理新能源汽车突发水灾事故，这是作为一名合格的新能源汽车维修人员必备的专业技能。

【任务目标】

1. 发展能力

1）能够描述新能源汽车涉水的危害。

2）能够总结新能源汽车涉水后的应急措施。

2. 操作能力

1）能够灵活应对新能源汽车涉水后的状况，按照规范正确防护。

2）能够以小组合作的形式，灵活处理水灾突发事件。

3. 社会能力

1）在演练过程中灵活、高效地处理新能源汽车的涉水事故，提升学生的随机应变能力。

2）小组合作、合理分工、共同协作完成工作任务，培养学生的团队合作意识。

3）以不同程度的涉水情况展开教学演练，提升学生的知识迁移能力，同时提升学生处理突发事故的心理素质。

【任务书】

＿＿＿＿＿＿是一名新能源汽车维修学员，新能源汽车维修工班＿＿＿＿＿＿组接到了吉利 EV450 电动汽车水灾事故应急处理的任务，班长根据作业任务对班组人员进行了合理分工，同时强调了高压安全防护工作。＿＿＿＿＿＿接到任务后，按照操作注意事项和操作要点对吉利 EV450 电动汽车涉水情况进行应急处理。

【任务分组】

班级		组号		指导教师	
组长		学号			
小组成员		姓名	学号	角色分工	
				监护人员	
				操作人员	
				记录人员	
				评分人员	

一、新能源汽车的涉水能力

新能源汽车的涉水能力比传统燃油汽车更胜一筹，因为新能源汽车的电机是在密封环境下工作的；大多数新能源汽车的蓄电池模组设计安装在底盘上，主流一线品牌的新能源汽车蓄电池模组外壳都可以做到_____级防水，线束的防水能力也是经过严格测试的，所以不用担心进水问题，如图6-14所示。

图 6-14　新能源汽车涉水情景

> **知识拓展：**
>
> **IP 防护等级**
>
> IP（INGRESS PROTECTION）防护等级，是由IEC（国际电工委员会）起草，将电器依其防尘防水的特性加以分级，IP之后由两个阿拉伯数字组成，第一位数字表示_____等级，第二位数字表示_____等级。
>
> （1）防尘等级　根据固体异物的大小将防尘等级分为7个等级，分别由数字0~6表示，其中数字0代表无防护，数字1~6代表不同的防尘程度。
>
> （2）防水等级　根据水的流量、压力、深度将设备防止进水的等级分为9级，分别由数字0~9表示，其中数字0代表无防护，数字1~9代表不同程度的防水程度。

上述新能源汽车的涉水能力只能防止短暂的浸水危害，涉水后的安全情况和涉水时间的长短息息相关。新能源汽车的电压一般为200~750V，如果长时间浸泡在水中，超过30min后容易发生漏水漏电的危险。电机一般安装在传统燃油汽车发动机的位置，虽然位置离地面较高，而且也是全密封的，但是和动力蓄电池一样，不能进水，而且机舱里各种线束沾水后存在短路危险，甚至会引发火灾。

> **实例：**
>
> 2019年8月，一辆力帆650EV发生自燃，如图6-15所示。力帆公司的技术和质量工程师通过实地勘察和车辆检测，判定车辆动力蓄电池着火的原因是连日暴雨，车辆被雨水浸泡超过2h，导致动力蓄电池微渗漏。车辆浸泡后，车主未主动与服务站联系检测，此后在车主用车时因电芯短路引发动力蓄电池着火。

图 6-15　新能源汽车自燃

二、新能源汽车水灾事故救援

1. 侦查

侦查包括以下内容：

1）水域温度、深度、水面宽度、水流方向、岸边地形等情况，了解事故现场及周边的道路、交通、水源等情。

2）遇险人员的位置、数量和伤亡情况。

3）通过外部观察，判断事故车辆动力蓄电池和高压系统的受损情况。

4）评估现场救援处置所需的人力、器材装备及其他资源。

5）做好救援人员的安全防护，进行人员搜救。

6）确定车辆牵引部位，明确车辆停放的安全区域，并放置警示标志，如图 6-16 所示。

7）打电话求援，调拖车到场，如图 6-17 所示。

图 6-16　放置警示标志

图 6-17　打电话求援

2. 人员搜救

1）当有人员被困在车内时，需要分析现场情况，充分考虑救助过程中可能存在的危险因素，确定救援方案。

2）击破车窗或打开车门，救助车内人员，将遇险人员救出后交由医疗急救人员进行救护。

3. 车辆处置

1）车辆处置过程中，避免接触高压部件、断电开关等，防止可能存在的电击危险。

2）由有资质的机构根据车辆水域救援要求进行车辆打捞。

3）车辆打捞至路面后，按照《电动汽车灾害事故应急救援指南》（GB/T 38283—2019）中的 8.3 的要求进行车辆处置。

4. 现场清理

1）全面、细致地检查清理现场，并向车主和有关部门移交现场。撤离现场时清点人员，整理器材装备。

2）提醒车主和有关部门妥善处理受损动力蓄电池，合理采取转运方式，防止事故车辆在转运及后期的静置过程中起火。

3）转移车辆时，不能直接进行拖挂，宜根据新能源汽车转运要求进行转移，若强行拖动驱动轮会导致动力蓄电池发生火灾。

三、新能源汽车拖车过程

新能源汽车无法通过牵引方式来起动。如图 6-18 所示，车辆前部设置有用于安装牵引环的螺纹孔，后部设置有用于牵引的牵引环。

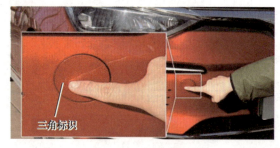

图 6-18 牵引环位置

1）拖车之前，档位置于_____位置，松开驻车制动器手柄；将动力蓄电池的负极连接断开，等待_____min，然后将_____的低压插件和三相高压插件断开。

2）禁止使用扭曲的绳子牵引车辆，因为任何解扭的力都可能松开牵引环。如图 6-19 所示，可以使用从前方拖拽的方式或平台式载货汽车。注意：不要从前方或后方使用吊起式载货汽车拖拽，否则将导致车身损坏。

图 6-19 拖车注意事项

3）如果车辆被牵引时只能四轮同时着地，在牵引时必须注意：将点火开关置于_____位置，打开危险警告灯，并可以使用制动灯、刮水器和转向灯。

图 6-20 高压部件和动力蓄电池

4）牵引车辆的速度不应超过_____km/h。

5）当动力蓄电池受潮浸水时，严禁对其充放电。如图 6-20 所示，由专业人员对动力蓄电池拆解、检测、维修后，将其恢复，再检测绝缘性，确定绝缘性正常后才可继续使用。

知识拓展：

是什么限制了轮毂电机的发展？

如图 6-21 所示，轮毂电机将动力、传动和制动装置都整合到轮毂内，省略了大量传动部件，让车辆结构更简单，可实现多种复杂的驱动方式。

但是，至今轮毂电机还没有量产，其中一个原因就是轮毂电机的工作环境非常恶劣，而电机对工作条件要求比较高，所以防水、防尘、防振设计更加精细，尤其是在涉水过程中容易使轮毂电机烧坏，使得汽车无法正常行驶。

图 6-21 轮毂电机

> **思考：**
> 与传统燃油汽车相比，新能源汽车涉水的优越性表现在哪些方面？
> _____
> _____
> _____

【任务计划】

一、新能源汽车涉水时基本常识

1）了解新能源汽车涉水的注意事项。

2）总结新能源汽车涉水后的应急措施。

扫一扫

新能源汽车
水灾事故应
急处理

二、制订模拟新能源汽车涉水时的应急处理的流程

在教师的指导下，查阅相关资料，小组讨论完成模拟新能源汽车涉水时应急处理的任务流程。

步骤	作业内容

【任务决策】

各小组选派代表阐述任务计划，小组间相互讨论、提出不同的看法，教师总结点评，完善方案。

【任务实施】

在教师的指导下完成分组，小组成员合理分工，完成新能源汽车水灾事故应急处理的任务。

"新能源汽车水灾事故应急处理"任务实施表

班级		姓名	
小组成员		组长	
操作员		监护员	
记录员		评分员	

任务实施流程

序号	作业内容	作业具体内容	结果记录
1	场地准备	检查设置隔离栏	□是 □否
		检查设置安全警示牌	□是 □否
2	检查防护套装	检查绝缘手套外观、耐压等级	□是 □否
		检查绝缘手套密封性	□是 □否
		检查安全帽、护目镜	□是 □否
3	记录车辆信息	车辆型号：_____ 电机型号：_____ 动力蓄电池电量：_____ 工作电压：_____ 车辆识别码：_____	
4	涉水程度描述及采取措施	涉水前，查看水深情况	□是 □否
		减速慢行	□是 □否
		涉水后及时清洗	□是 □否
		汽车涉水熄火无法起动时，及时和4S店联系	□是 □否
		前轮抬起拖车	□是 □否
		起动开关置于ON位置	□是 □否
		打开危险警告灯	□是 □否
		换档旋钮置于空档位置	□是 □否
		松开驻车制动器手柄	□是 □否
		牵引车辆的速度不应超过20km/h	□是 □否
		对整车高压部件进行拆解、检测、维修	□是 □否
		对动力蓄电池拆解、检测、维修	□是 □否
5	作业场地恢复	将安全警示牌撤回	□是 □否
		清洁、整理场地	□是 □否

【质量检查】

一、小组自检

各小组根据任务实施的记录结果，对本小组的作业内容进行再次确认。

序号	检查项目	检查结果
1	作业前规范检查、准备防护用具套装	□是 □否
2	作业前规范检查工具	□是 □否

（续）

序号	检查项目	检查结果	
3	根据涉水实际情况准确说出行车注意事项	□ 是	□ 否
4	及时和维修站取得联系，维修车辆	□ 是	□ 否
5	采取正确的方式进行拖车	□ 是	□ 否
6	能按照 7S 管理规范恢复车辆及场地	□ 是	□ 否

二、教师检查

教师根据各小组作业完成情况进行质量检查，选择优秀小组成员进行作业情况汇报，针对作业过程中出现的问题提出改进措施与建议。

作业问题及改进措施：

_____

_____

_____

【课后提升】

在行车途中车辆涉水时，应该如何应急操作？有哪些注意事项？请大家以小组为单位，自主查阅资料，完成应急处置流程上传至学习平台。

【评价反馈】

小组内合理分工，交换操作员、监护员、记录员、评分员角色，完成作业任务后，结合个人、小组在课堂中的实际表现进行总结与反思。

1. 请小组成员完成本次工作任务评分。

"新能源汽车水灾事故应急处理"作业评分表

序号	作业内容	评分要点	配分	得分	判罚依据
1	场地准备（2分）	□ 未检查设置隔离栏扣 1 分	1		
		□ 未设置安全警示牌扣 1 分	1		
2	检查防护套装（3分）	□ 未着工装扣 0.5 分	0.5		
		□ 未检查绝缘手套的外观扣 0.5 分	0.5		
		□ 未检查绝缘手套耐压等级扣 0.5 分	0.5		
		□ 未检查绝缘手套气密性扣 0.5 分	0.5		
		□ 未检查护目镜安全损伤扣 0.5 分	0.5		
		□ 未检查安全帽扣 0.5 分；不戴安全帽不得分	0.5		
3	记录车辆信息（2分）	□ 正确记录车辆型号、车辆识别码、电机型号、工作电压，漏记、记错 1 项扣 2 分	2		

(续)

序号	作业内容	评分要点	配分	得分	判罚依据
4	应对涉水采取措施（12分）	□ 未检查涉水程度扣1分	1		
		□ 未及时熄火扣1分	1		
		□ 未正确辨认浸水部位扣1分，	1		
		□ 未将起动开关置于ON位置扣1分	1		
		□ 未打开危险警告灯扣1分	1		
		□ 未将换档旋钮置于空档位置扣1分	1		
		□ 未松开驻车制动器手柄扣1分	1		
		□ 牵引车辆的速度过高扣1分	1		
		□ 私自对整车高压部件进行拆解、检测、维修扣2分	2		
		□ 私自对动力蓄电池拆解、检测、维修扣2分	2		
5	作业场地恢复（1分）	□ 未移除高压警示标识等放置指定位置的，每项扣0.5分	1		
		□ 未清洁场地扣1分	1		
6	安全事故	□ 损伤、损毁车辆、设备或造成人身伤亡的，视情节扣2~20分；特别严重的安全事故不得分			
		合计	20		

2. 小组作业中是否存在问题？如果有问题，如何成功解决该问题？

3. 请对个人在本次工作任务中的表现进行总结与反思。

【课堂笔记】

参 考 文 献

[1] 吴荣辉. 新能源汽车高压安全与防护 [M]. 北京：机械工业出版社，2021.
[2] 韩炯刚. 新能源汽车高压安全与防护 [M]. 北京：机械工业出版社，2018.
[3] 陈伟儒. 新能源汽车高压安全与应急处理 [M]. 北京：人民交通出版社，2018.